8° V 4406

LE PATHÉPHONE

vers 1913
la date sur la reliure est fausse !

LISTE PAR ORDRE ALPHABÉTIQUE
DES
ARTISTES QUI NOUS ONT PRÊTÉ LEUR CONCOURS
pour l'établissement du présent Répertoire

	Pages		Pages		Pages
Affre	64	Delvoye	70	Marignan (Jane) (Mme)	78
Albani	64	Demoulin (Léo) (Mlle)	76	Marvini	13-30
Albers	65	Denera Erna	119	Merentié (Mlle)	79
Alvarez (Albert)	66	Devriès (David)	61-70	Merey (Jane) (Mme)	79
Aumonier	66	Dumontier	5	Merguiller (Mme)	79
Baer	66	Dupré	70	Miranda (Mme)	79
Belhomme	61-66	Dutreix	70	Morlet (Mme)	80
Berthaud	67	Feltesse-Oscombre (Mme)	77	Mounet (Paul)	34
Beyle (Léon)	68	Fontaine	30	Muratore	71
Bouvet	68	Gall (Yvonne) (Mlle)	23	Nansen	30-61
Boyer (Mary) (Mme)	74	Ganteri (Mme)	5	Noté	71
Boyer	68	Gautier	70	Nuibo	71
Campredon (Mme)	9	Ghasne	70	Poumayrac (de)	20-61
Champell (Mlle)	23	Goulancourt (Mme)	9	Ravet	34
Carré (Marguerite) (Mme)	74	Gresse	71	Renaud	72
Chambellan (Mlle)	75	Jacques	34	Rémy (Jeanne) (Mme)	34
Charpentier (Marguerite) (Mlle)	75	Journet	23	Rigaux	72
Clergue	69	Jouvin	18	Rousselière	72
Comès (Mathilde) (Mme)	75	Korsoff (Mlle)	77	Sardet	72
Dangès	61-69	Lafargue (Marie) (Mme)	77	Soulacroix	72
Delmas	69	Lambrecht (Rosalia) (Mlle)	77	Thiéry (Marie) (Mme)	80
Delna (Mme)	75	Lapeyrette (Mlle)	78	Tirmont	16
Delrys	16	Lassalle	20-61	Trosselli	27
D'Elty (Marguerite) (Mlle)	76	Maguenat	16	Vaguet	18-72

	Pages
Vallandri (Aline) (Mme)	80
Vallin Pardo (Mme)	68
Valermont	23
Vigneau	74
Worms (Jean)	34
X... (Mme)	80

CONCERT

	Pages
Bedetti (Jean)	109
Bérard	81
Bergeret	81
Bert (Pauline)	90
Bloch	81
Boissier	81
Bruant	82
Charlesky	82
Charlus	82
Chavat et Girier	83
Dalbret	83
Darbon	84-92
Delmarre	84
Delmas	84
Dickson	84
Ditan Karl	84
Dranem	84
Dufleuve	85
Duperrey de Chantloup	85
Elval (G.)	70-85
Enards (les)	85
Ferreal	85
Flor (Jean)	86
Fortugé	86
Fragson	86

	Pages
Frey (Fernand)	86
Gaudet (Mme)	91
Georgel	87
Guilbert (Yvette) (Mme)	91
Herrieu	92
Jaffrenou	93
Joanyd	87
Junka	87
Karol (Albert)	87
Lanthenay (Mme)	91
Lardeau	93
Lekain (Esther) (Mme)	91
Léoni	87
Lerie	87
Liébel (Emma) (Mme)	91
Leuntjens	107
Lynel	87
Mai (A.)	108
Manescau	93
Manoël (Francis)	88
Mansuello	88
Marcelly	88
Marty	89
Mayol	89
Mendels	108
Mischa Elman	108
Miette (Mme)	92
Mirepois (Mme)	92
Montéhus	89
Moretti (L.) (Mlle)	110
Nitta-Jo (Mme)	92
Perval	89
Polin	90

	Pages
Ranzato (Virgillo)	108
Resca	90
Rollini (Mme)	92
Rudenyi (Jean)	108
Vilbert	90
Vildez (Carmen) (Mme)	92
Willekens et Léone (Mme)	90

DÉCLAMATION

	Pages
Alexandre	34
Bernard	38
Bourdin (Mlle)	38
Bovy (Mme)	38
Chauveron (de) (Mlle)	38
Delbost (René)	93
Desprès (Suzanne) (Mme)	93
Ducos (Yvonne) (Mlle)	34
Dufresno	38
Falconnier	38
Fayolle (Mme)	38
Féraudy (de)	93
Galipaux	93
Granval	38
Gerbault	34-38
Guilhème	38
Lafon	38
Lherbay	34
Mounet (Paul)	34
Ravet	34
Remy (Jeanne) (Mme)	34
Rock (Madeleine) (Mme)	34
Worms (Jean)	34

Audition Intégrale d'OEuvres Théâtrales

CARMEN

Opéra-Comique en 4 Actes

Livret de Henri MEILHAC et Ludovic HALÉVY. — Musique de Georges BIZET

sous la direction de M. RUHLMANN, premier Chef d'Orchestre de l'Opéra-Comique

DISTRIBUTION :

Don José............ MM. **Affre**, de l'Opéra.	Carmen........... Mmes **Mérentié**, de l'Opéra-Comique.
Escamillo........... **Albers**, de l'Opéra-Comique.	Micaëla........... **Aline Vallandri**, de l'Opéra-Comique.
Le Dancaïre......... **Belhomme**, de l'Opéra-Comique.	Frasquita......... **Gantéri**, de l'Opéra-Comique.
Le Remendado....... **Dumontier**, de l'Opéra-Comique.	Mercédès......... **Billa-Azéma**, de l'Opéra-Comique.
Zuniga............. **Dupré**, de l'Opéra-Comique.	
Moralès............ **Dulac**, de l'Opéra-Comique.	

PREMIER ACTE

2043 **Prélude d'orchestre**........ Direction RUHLMANN.
2044 **Scène et chœur.**
    CHŒUR : *Sur la place chacun passe.* .... Mme **VALLANDRI**, M. **BELHOMME** et **CHŒURS**.
2045 **Scène et chœur** (SUITE).
    MICAELA : *Mon brigadier à moi s'appelle.* .... Mme **VALLANDRI**, M. **DUPRÉ** et **CHŒURS**.
2046 **CHŒUR DES GAMINS** : *Avec la garde montante.* .... **CHŒURS**.
2047 **CHŒUR DES GAMINS** (SUITE) : *Et la garde descendante rentre.* .... **CHŒURS**.
2048 **CHŒUR DES CIGARIÈRES** : *La cloche a sonné... dans l'air nous suivons des yeux la fumée.* .... **CHŒURS**.

PREMIER ACTE (suite)

2049 LES SOLDATS : *Mais nous ne voyons pas.*
    Habanera et chœurs. .... Mlle **MÉRENTIÉ**.
    CARMEN : *L'Amour est enfant de Bohême.*
2050 Habanera et chœurs (SUITE). .... Mlle **MÉRENTIÉ**.
    CARMEN : *L'oiseau que tu croyais surprendre.*
2051 JOSÉ : *Qu'est-ce que cela veut dire.*
    (Duo entre DON JOSÉ et MICAELA). .... Mme **VALLANDRI**, M. **AFFRE**.
    JOSÉ : *Parle-moi de ma mère.*
2052 Suite du Duo.
    MICAELA : *Tu vas, m'a-t-elle dit, t'en aller à la ville...* .... Mme **VALLANDRI**, M. **AFFRE**.
    JOSÉ : *Ma mère, je la vois...*

CARMEN (Suite).

PREMIER ACTE (suite)

2053 Fin du Duo.
   MICAELA : *Quel démon, quel péril ?...*
   JOSÉ : *... tout cela, n'est-ce pas ? mignonne.*
   Mme VALLANDRI, M. AFFRE.

2054 JOSÉ : *Attends un peu maintenant...*
   CHŒUR : *Que se passe-t-il donc là-bas ?*
   M. DUPRÉ et CHŒURS.

2055 LE LIEUTENANT : *Au diable tout ce bavardage.*
   Chœur (SUITE).
   M. DUPRÉ et CHŒURS.

2056 Chanson et mélodrame.
   JOSÉ : *Tout ce que j'ai pu comprendre...*
   Mlle MÉRENTIÉ, M. DUPRÉ.

2057 CARMEN : *Où me conduirez-vous ?...*
   Poème entre JOSÉ et CARMEN.
   Séguedille.
   CARMEN : *Près des remparts de Séville.*
   Mlle MÉRENTIÉ.

2058 Séguedille (SUITE).
   CARMEN : *Oui, mais toute seule on s'ennuie.*
   Mlle MÉRENTIÉ.

2059 Finale du Ier acte.
   JOSÉ : *Le Lieutenant !...*
   CARMEN : *Prends garde...*
   Mlle MÉRENTIÉ, M. DUPRÉ.

DEUXIÈME ACTE

2060 Orchestre (Ier Entr'acte).   Direction RUHLMANN.

DEUXIÈME ACTE (suite)

2061 Chanson bohème.
   CARMEN : *Les tringles des sistres tintaient...*
   Mmes MÉRENTIÉ, GANTÉRI, BILLA-AZÉMA.

2062 Chanson bohème (FIN).
   CARMEN : *Tra la la la...*
   Mmes MÉRENTIÉ, GANTÉRI, BILLA-AZÉMA.

2063 LE LIEUTENANT : *J'étais de service.*
   CHŒUR : *Vivat le Torero !...*
   CHŒURS.

2064 Couplets d'ESCAMILLO :
   Votre toast, je peux vous le rendre...
   ... Toréador en garde.
   M. ALBERS et CHŒURS.

2065 Couplets d'ESCAMILLO (FIN) :
   En secouant ses banderilles.
   M. ALBERS et CHŒURS.

2066 Sortie d'Escamillo.
   (Orchestre et poème).
   FRASQUITA : *Pourquoi étais-tu si pressé ?*
   Direction RUHLMANN.

2067 Quintette.
   LE DANCAÏRE : *Nous avons en tête une affaire.*
   Mmes MÉRENTIÉ, GANTÉRI, BILLA-AZÉMA, MM. BELHOMME, DUMONTIER.

2068 Quintette (FIN).
   CARMEN : *Je suis amoureuse.*
   Mmes MÉRENTIÉ, GANTÉRI, BILLA-AZÉMA, MM. BELHOMME, DUMONTIER.

CARMEN (Suite).

DEUXIÈME ACTE (suite)

2069 Le Dancaïre : *En voilà assez ; je t'ai dit...*
Chanson et Poème.
Don José : *Halte-là ! Qui va là ? Dragon d'Alcala !* — M. AFFRE.

2070 Poème.
Carmen : *Enfin... le voilà.* — Mlle MÉRENTIÉ.

2071 Carmen : *Je vais danser en votre honneur.*
Duo, danse des castagnettes. — Mlle MÉRENTIÉ, M. AFFRE.

2072 Duo (SUITE).
Don José : *C'est mal à toi, Carmen...* — Mlle MÉRENTIÉ, M. AFFRE.

2073 Don José : *Tu m'entendras. La fleur que tu m'avais jetée...* — M. AFFRE.

2074 Duo (FIN).
Carmen : *Non, tu ne m'aimes pas.* — Mlle MÉRENTIÉ, M. AFFRE.

2075 Finale du IIe acte.
Le Lieutenant : *Holà ! Carmen ! Holà !* — Mlle MÉRENTIÉ, MM. AFFRE, BELHOMME.

2076 Finale du IIe acte (SUITE).
Le Lieutenant : *... plus tard.*
Chœur : *Suis-nous à travers la campagne.* — Mlle MÉRENTIÉ, MM. AFFRE, BELHOMME, DUMONTIER et CHŒURS.

TROISIÈME ACTE

2077 Orchestre (IIe Entr'acte). — Direction RUHLMANN.

2078 Chœur : *Écoute, compagnon, écoute !...* — SEXTUOR et CHŒURS.

TROISIÈME ACTE (suite)

2079 Sextuor (SUITE) : *Notre métier, notre métier est bon.* — SEXTUOR et CHŒURS.

2080 Carmen : *Qu'est-ce que tu regardes là ?...*
Trio des cartes. — Mmes GANTÉRI, BILLA-AZÉMA.

Frasquita : *Mélons !*
Mercédès : *Coupons !*

2081 Trio des cartes (SUITE).
Frasquita : *Moi, je vois un jeune amoureux.* — Mmes MÉRENTIÉ, GANTÉRI, BILLA-AZÉMA.

2082 Trio des cartes (SUITE).
Carmen : *En vain pour éviter les réponses.* — Mmes MÉRENTIÉ, GANTÉRI, BILLA-AZÉMA.

2083 Le Dancaïre : *Ah ! toi, tu vas nous laisser.*
Morceau d'ensemble.
Carmen : *Quant au douanier, c'est notre affaire.* — Mmes MÉRENTIÉ, GANTÉRI, BILLA-AZÉMA et CHŒURS.

2084 Air de Micaela.
Micaela : *C'est des contrebandiers le refuge.* — Mme VALLANDRI.

2085 Air de Micaela (SUITE) : *Je vais voir de près cette femme.* — Mme VALLANDRI.

2086 Escamillo : *Quelques lignes plus bas...*
Duo entre Don José et Escamillo : *Je suis Escamillo.* — MM. AFFRE, ALBERS.

CARMEN *(Suite).*

TROISIÈME ACTE *(suite)*

2087 Finale du IIIᵉ acte.
CARMEN : *Holà ! Holà ! José.*
Mlle MÉRENTIÉ, MM. ALBERS, AFFRE, BELHOMME et CHŒURS.

2088 Finale du IIIᵉ acte (SUITE).
LE REMENDADO : *Halte !... quelqu'un est là.*
MICAELA : *Là-bas est la chaumière.*
Mmes MÉRENTIÉ, VALLANDRI, M. AFFRE, CHŒURS.

2089 Fin du IIIᵉ acte.
MICAELA : *Hélas ! José, ta mère se meurt.*
Mme VALLANDRI, MM. AFFRE, ALBERS.

2090 Orchestre (3ᵉ Entr'acte). Direction RUHLMANN.

QUATRIÈME ACTE

2091 CHŒUR : *A deux cuartos, à deux cuartos.*
Mmes GANTÉRI, BILLA-AZÉMA, M. BELHOMME et CHŒURS.

2092 Marche et CHŒUR : *Les voici...*
ENFANTS, SOPRANI, TÉNORS et BASSES.

QUATRIÈME ACTE *(suite)*

2093 Marche et CHŒUR (SUITE) :
Une autre quadrille s'avance...
ESCAMILLO : *Si tu m'aimes, Carmen.*
CARMEN : *Ah ! je t'aime, Escamillo.*
Mlle MÉRENTIÉ, M. ALBERS et CHŒURS.

2094 Marche et CHŒUR (FIN).
FRASQUITA : *Carmen, un bon conseil.*
Duo CARMEN, DON JOSÉ.
CARMEN. *C'est toi ?*
Mmes MÉRENTIÉ, GANTÉRI, BILLA-AZÉMA, M. AFFRE.

2095 Duo (SUITE).
CARMEN : *Jamais je n'ai menti...*
... Entre nous tout est fini.
Mlle MÉRENTIÉ, M. AFFRE.

2096 Duo (FIN).
CARMEN : *Libre elle est née.*
CHŒUR FINAL : *Vivat ! Vivat ! la course est belle.*
Mlle MÉRENTIÉ, M. AFFRE et CHŒURS.

FAUST

Opéra en 5 Actes

Livret de Michel CARRÉ et Jules BARBIER. — Musique de Charles GOUNOD
sous la direction de M. RUHLMANN, premier Chef d'Orchestre de l'Opéra-Comique

DISTRIBUTION :

Faust.....................	**MM. Beyle**, de l'Opéra-Comique.	*Marguerite*............	**M**^{mes} **Campredon**, de l'Opéra.
Méphistophélès............	**Gresse**, de l'Opéra.	*Siebel*................	**D'Elty (Marguerite)**, de l'Opéra.
Valentin...................	**Noté**, de l'Opéra.	*Marthe*...............	**Goulancourt**, de l'Opéra.
Wagner....................	**Dupré**, de l'Opéra-Comique.		

PREMIER ACTE

4530 Introduction (ORCHESTRE).   Direction **RUHLMANN**.
4531 Introduction (ORCHESTRE). (FIN.)   Direction **RUHLMANN**.
4532 Scène.
   FAUST : *Rien !... en vain j'interroge.*   M. **BEYLE**.
4533 Scène (SUITE) et Chœur.
   FAUST : *Salut ! ô mon dernier matin.*   M. **BEYLE et CHŒURS**.
4534 Scène (FIN) et Chœurs.
   FAUST : *O coupe des Aïeux.*
   CHŒURS : *Aux champs l'aurore nous rappelle.*   MM. **BEYLE, GRESSE et CHŒURS**.
4535 Duo. MÉPHISTOPHÉLÈS : *D'où vient ta surprise ?*   MM. **BEYLE, GRESSE**.

PREMIER ACTE (suite)

4536 Duo (SUITE).
   MÉPHISTOPHÉLÈS : *Ici, je suis à ton service.*   MM. **BEYLE, GRESSE**.
4537 Duo (FIN).
   MÉPHISTOPHÉLÈS : *Viens ?*   MM. **BEYLE, GRESSE**.
4538 Kermesse.
   CHŒURS : *Vin ou bière.*   M. **DUPRÉ et CHŒURS**.
4539 Kermesse (FIN).
   CHŒURS : *Voyez ces hardis compères.*   **CHŒURS**.
4540 Scène et Récitatif.
   VALENTIN : *O sainte médaille.*   Mlle **D'ELTY**.
   MM. **NOTÉ, GRESSE, DUPRÉ et CHŒURS**.
4541 Strophes.
   MÉPHISTOPHÉLÈS : *Le Veau d'Or est toujours debout.*   MM. **GRESSE et CHŒURS**.

FAUST *(Suite).*

PREMIER ACTE *(suite)*

4542 Scène et Chœur.
 VALENTIN : *Singulier personnage !*   Mlle D'ELTY, MM. NOTÉ, GRESSE, DUPRÉ et CHŒURS.

4543 Choral des Épées.
 CHŒURS : *De l'enfer qui vient émousser nos armes.*   Mlle D'ELTY, MM. NOTÉ, DUPRÉ et CHŒURS.

4544 Scène (FIN). Valse et Chœur.
 MÉPHISTOPHÉLÈS : *Nous nous retrouverons.*   Mlle D'ELTY, MM. BEYLE, GRESSE et CHŒURS.

4545 Valse et Chœur (FIN).
 FAUST : *La voici !... c'est elle !...*   Mmes CAMPREDON, D'ELTY, MM. BEYLE, GRESSE et CHŒURS.

DEUXIÈME ACTE

4546 Couplets.
 SIEBEL : *Faites-lui mes aveux.*   Mlle D'ELTY.

4547 Couplets (FIN). Scène et Récitatif.
 SIEBEL : *Voyons maintenant !*   Mlle D'ELTY. MM. BEYLE, GRESSE.

4548 Cavatine.
 FAUST : *Quel trouble inconnu me pénètre !*
 FAUST : *Salut ! demeure chaste et pure.*   M. BEYLE.

4549 Cavatine (FIN), Scène.
 FAUST : *O nature.*   MM. BEYLE, GRESSE.

DEUXIÈME ACTE *(suite)*

4550 Scène et Chanson du roi de Thulé.
 MARGUERITE : *Je voudrais bien savoir quel était ce jeune homme.*
 Il était un roi de Thulé.   Mme CAMPREDON.

4551 Chanson du roi de Thulé (FIN).
 MARGUERITE : *Quand il sentit venir la mort...*   Mme CAMPREDON.

4552 Scène (FIN). Air des Bijoux.
 MARGUERITE : *Les grands seigneurs ont seuls des airs si résolus.*
 MARGUERITE : *Ah ! Je ris de me voir si belle.*   Mme CAMPREDON.

4553 Air des Bijoux (FIN).
 MARGUERITE : *Achevons la métamorphose !*   Mme CAMPREDON.

4554 Scène et Quatuor.
 MARTHE : *Seigneur Dieu, que vois-je !*   Mmes CAMPREDON, GOULANCOURT, MM. BEYLE, GRESSE.

4555 Scène et Quatuor (SUITE).
 FAUST : *Prenez mon bras un moment !*   Mmes CAMPREDON, GOULANCOURT, MM. BEYLE, GRESSE.

4556 Scène et Quatuor (FIN).
 FAUST : *Eh quoi ! toujours seule ?*   Mmes CAMPREDON, GOULANCOURT, MM. BEYLE, GRESSE.

4557 Scène.
 MARGUERITE : *Retirez-vous !... voici la nuit.*   Mmes CAMPREDON, GOULANCOURT, MM. BEYLE, GRESSE.

FAUST (Suite).

DEUXIÈME ACTE (suite)

4558 Duo.
    MARGUERITE : *Il se fait tard !... adieu !...* — Mme CAMPREDON, M. BEYLE.

4559 Duo (SUITE).
    FAUST ET MARGUERITE : *Éternelle !...* — Mme CAMPREDON, M. BEYLE.

4560 Duo (SUITE).
    FAUST : *Marguerite !...* — Mme CAMPREDON, M. BEYLE.

4561 Duo (FIN).
    FAUST : *Félicité du ciel !* — Mme CAMPREDON. MM. BEYLE, GRESSE.

TROISIÈME ACTE

4562 Entr'acte (*Récitatif et scène*).
    MARGUERITE : *Elles ne sont plus là...* — Mmes CAMPREDON, D'ELTY et CHŒURS.

4563 Scène (FIN).
    SIEBEL : *Encor des pleurs !* — Mmes CAMPREDON, D'ELTY.

4564 Scène de l'Église.
    MARGUERITE : *Seigneur ! daignez permettre à votre humble servante.* — Mme CAMPREDON, M. GRESSE et CHŒURS.

4565 Scène de l'Église (SUITE).
    MÉPHISTOPHÉLÈS : *Souviens-toi du passé.* — Mme CAMPREDON, M. GRESSE.

4566 Scène de l'Église (FIN).
    CHŒUR RELIGIEUX : *Quand du Seigneur le jour luira.* — Mme CAMPREDON, M. GRESSE et CHŒURS.

4567 Chœur des soldats.
    CHŒURS : *Déposons les armes.* — Mlle D'ELTY, M. NOTÉ et CHŒURS.

TROISIÈME ACTE (suite)

4568 Chœur des soldats (FIN).
    CHŒURS : *Gloire immortelle de nos aïeux.* — CHŒURS.

4569 Récit, Scène.
    VALENTIN : *Allons, Siebel !* — Mlle D'ELTY, MM. NOTÉ, BEYLE, GRESSE.

4570 Sérénade.
    MÉPHISTOPHÉLÈS : *Vous qui faites l'endormie.* — M. GRESSE.

4571 Trio du Duel.
    VALENTIN : *Que voulez-vous, Messieurs ?* — MM. NOTÉ, BEYLE, GRESSE.

4572 Trio du Duel (FIN), Mort de Valentin.
    VALENTIN : *En garde !... et défends-toi !* — Mmes CAMPREDON, D'ELTY, MM. NOTÉ, GRESSE et CHŒURS.

4573 Mort de Valentin (FIN).
    VALENTIN : *Ce qui doit arriver arrive à l'heure dite.* — M. NOTÉ et CHŒURS.

QUATRIÈME ACTE

4574 La nuit de Walpurgis.
    FAUST : *Arrête !* — MM. BEYLE, GRESSE et CHŒURS.

4575 La nuit de Walpurgis (SUITE).
    MÉPHISTOPHÉLÈS : *Jusqu'aux premiers feux du matin.* — M. GRESSE et CHŒURS.

4576 Ballet (*Les Nubiennes*) (ORCHESTRE). — Direction RUHLMANN.

4577 Ballet (SUITE) (*L'Adagio*) (ORCHESTRE). — Direction RUHLMANN.

FAUST *(Suite).*

QUATRIÈME ACTE *(suite)*

4578 Ballet (SUITE) (*Danse antique, Variation de Cléopâtre*) (ORCHESTRE).	Direction **RUHLMANN.**
4579 Ballet (SUITE) (*Les Troyennes, Variation du Miroir*) (ORCHESTRE).	Direction **RUHLMANN.**
4580 Ballet (SUITE) (*Danse de Phryné*) (ORCHESTRE).	Direction **RUHLMANN.**
4581 Ballet (FIN) (*Danse de Phryné*) (FIN) : MÉPHISTOPHÉLÈS : *Que ton ivresse, ô volupté !*	**MM. BEYLE, GRESSE.**

CINQUIÈME ACTE

4582 Trio final. FAUST : *Va-t'en !*	**MM. BEYLE, GRESSE.**
4583 Trio final (SUITE). FAUST : *Marguerite !*	**Mme CAMPREDON, M. BEYLE.**
4584 Trio final (SUITE). MARGUERITE : *Attends !*	**Mme CAMPREDON, MM. BEYLE, GRESSE.**
4585 Trio final (FIN) (*Apothéose*). MÉPHISTOPHÉLÈS : *Quittons ce lieu sombre.*	**Mme CAMPREDON, MM. BEYLE, GRESSE** et **CHŒURS.**

LA FAVORITE

Opéra en 4 Actes

Livret de A. ROYER et G. VAEZ. — Musique de DONIZETTI
sous la direction de M. RUHLMANN, premier Chef d'Orchestre de l'Opéra-Comique

DISTRIBUTION :

Balthazar............	MM. **Marvini**, de l'Opéra.	Léonor................	Mmes **Lapeyrette**, de l'Opéra.
Fernand.............	**Lassalle**, de l'Opéra.	Inès..................	**Gantéri**, de l'Opéra-Comique.
Alphonse............	**Albers**, de l'Opéra-Comique.		
Don Gaspard.........	**de Poumayrac**, de l'Opéra-Comique.		

PREMIER ACTE

2165 Ouverture (ORCHESTRE). — Direction RUHLMANN.

2166 Ouverture (ORCHESTRE). (SUITE ET FIN). — Direction RUHLMANN.

2167 Introduction.
CHŒUR DES MOINES : *Pieux monastère !* — MM. MARVINI, LASSALLE et CHŒURS.

2168 Cavatine.
FERNAND : *Un ange, une femme inconnue...* — MM. MARVINI, LASSALLE.

2169 Duo.
BALTHAZAR : *Toi, mon fils, ma seule...* — MM. MARVINI, LASSALLE.

2170 Duo (SUITE).
BALTHAZAR : *La trahison, la perfidie...* — MM. MARVINI, LASSALLE.

PREMIER ACTE (suite)

2171 Air et chœur.
INÈS : *Rayons dorés, tiède zéphire...* — Mme GANTÉRI et CHŒURS.

2172 Air et chœur. — Récitatif.
INÈS : *Doux zéphire, sois-lui fidèle...* — Mme GANTÉRI, M. LASSALLE et CHŒURS.

2173 Duo.
LÉONOR : *Mon idole ! mon idole !...* — Mlle LAPEYRETTE, M. LASSALLE.

2174 Duo (SUITE).
FERNAND : *Toi, ma seule amie...* — Mmes LAPEYRETTE, GANTÉRI, M. LASSALLE.

2175 Air.
FERNAND : *Celui qui vient la chercher...* — Mme GANTÉRI, M. LASSALLE.

2176 Récit.
ALPHONSE : *Jardins de l'Alcazar...* — MM. ALBERS, de POUMAYRAC.

LA FAVORITE (Suite).

DEUXIÈME ACTE

2177 Air.
    ALPHONSE : *Léonor ! viens,*   M. ALBERS.
    j'abandonne Dieu....

2178 Duo.
    ALPHONSE : *Pour la fête,*   Mmes LAPEYRETTE,
    préviens toute ma cour.   GANTÉRI,
    LÉONOR : *Ainsi donc on*   M. ALBERS.
    raconte...

2179 Duo (SUITE).
    ALPHONSE : *Dans ce palais*   Mlle LAPEYRETTE,
    règnent...   M. ALBERS.

2180 Ballet (ORCHESTRE).   Direction RUHLMANN.

2181 Ballet (ORCHESTRE) (SUITE).   Direction RUHLMANN.

2182 Récitatif.
    DON GASPARD : *Ah ! Sire,*   Mlle LAPEYRETTE,
    vous refusiez de croire...   MM. ALBERS,
                                     de POUMAYRAC,
                                     MARVINI et
                                     CHŒURS.

2183 Finale.
    BALTHAZAR : *Redoutez la*   Mlle LAPEYRETTE,
    fureur...   MM. ALBERS,
                                     de POUMAYRAC,
                                     MARVINI et
                                     CHŒURS.

2184 Finale (SUITE).
    BALTHAZAR : *Vous tous*   Mmes LAPEYRETTE,
    qui m'écoutez....   GANTÉRI,
                                     MM. ALBERS, MARVINI,
                                     de POUMAYRAC et
                                     CHŒURS.

2185 Récitatif.
    FERNAND : *Me voici donc*   M. LASSALLE.
    près d'elle !

TROISIÈME ACTE

2186 Récitatif (FIN) et Trio.
    DON GASPARD : *De son sort*   Mlle LAPEYRETTE,
    avez-vous décidé ?   MM. de POUMAYRAC,
                                     ALBERS,
                                     LASSALLE.

2187 Trio (SUITE).
    ALPHONSE : *Pour tant*   Mlle LAPEYRETTE,
    d'amour...   MM. ALBERS,
                                     LASSALLE.

2188 Trio (FIN) et Récitatif.
    ALPHONSE : *Pour tant*   Mlle LAPEYRETTE,
    d'amour....   M. ALBERS.

2189 Air.
    LÉONOR : *O mon Fer-*   Mlle LAPEYRETTE.
    nand, tous les biens..

2190 Air (SUITE).
    LÉONOR : *Venez, cruels !*   Mlle LAPEYRETTE.

2191 Récitatif et chœur.
    LÉONOR : *Inès, viens...*   Mmes LAPEYRETTE,
                                     GANTÉRI,
                                     M. de POUMAYRAC et
                                     CHŒURS.

2192 Récitatif et chœur (SUITE).
    FERNAND : *Ah ! de tant*   Mlle LAPEYRETTE,
    de bonheur....   MM. LASSALLE, ALBERS,
                                     de POUMAYRAC et
                                     CHŒURS.

2193 Finale.
    DON GASPARD : *Quel mar-*   M. de POUMAYRAC et
    ché de bassesse !   CHŒURS.

2194 Finale (SUITE).
    FERNAND : *Pour moi du*   M. LASSALLE,
    ciel la faveur...   de POUMAYRAC,
                                     MARVINI et
                                     CHŒURS.

LA FAVORITE (Suite).

TROISIÈME ACTE (suite)

2195 Finale (SUITE).
FERNAND : *Sire, je vous dois tout...*
Mlle **LAPEYRETTE,**
MM. **LASSALLE, ALBERS, MARVINI, de POUMAYRAC et CHŒURS.**

2196 Finale (FIN).
ALPHONSE : *Écoutez-moi, Fernand...*
Mlle **LAPEYRETTE,**
MM. **ALBERS, LASSALLE, MARVINI, de POUMAYRAC et CHŒURS.**

QUATRIÈME ACTE

2197 Chœur.
MOINES : *Frères, creusons l'asile...*
CHŒURS.

2198 Chœur (SUITE).
BALTHAZAR : *Les cieux s'emplissent...*
M. **MARVINI et CHŒURS.**

2199 Récitatif.
BALTHAZAR : *Dans un instant, mon frère...*
MM. **MARVINI LASSALLE.**

QUATRIÈME ACTE (suite)

2200 Récitatif (FIN)
FERNAND : *La maîtresse du roi !*
Cavatine.
FERNAND : *Ange si pur, que dans un...*
M. **LASSALLE.**

2201 Récitatif.
BALTHAZAR : *Es-tu prêt ? viens.....*
Mlle **LAPEYRETTE,**
MM. **MARVINI, LASSALLE.**

2202 Chœur.
RELIGIEUX : *Que du Très-Haut...*
Mlle **LAPEYRETTE,**
M. **LASSALLE et CHŒURS.**

2203 Récitatif.
LÉONOR : *Fuyons ce monastère...*
Mlle **LAPEYRETTE,**
M. **LASSALLE.**

2204 Duo.
LÉONOR : *En priant, j'ai marché...*
Mlle **LAPEYRETTE,**
M. **LASSALLE.**

2205 Duo (SUITE).
FERNAND : *Adieu ! je dois vous fuir...*
Mlle **LAPEYRETTE,**
M. **LASSALLE.**

2206 Finale.
CHŒUR : *Que du Très-Haut...*
Mlle **LAPEYRETTE,**
MM. **LASSALLE, MARVINI et CHŒURS.**

LES FRÈRES DANILO

Nouvelle dramatique en 2 Actes
Paroles et musique de Jean NOUGUÈS
sous la direction de L'AUTEUR

DISTRIBUTION :

L'Auguste	MM. Albers, de l'Opéra-Comique.	Myria	Mmes Mérentié, de l'Opéra.
Nino	Tirmont, de l'Opéra-Comique.	La Teigne	Delrys, de l'Opéra de Lisbonne.
Tiarfio	Maguenat, de la Gaîté-Lyrique.		
Le Docteur	Dupré, de l'Opéra-Comique.		

PREMIER ACTE

N°	Titre	Interprètes
4587	Introduction. MYRIA : *Vers la splendeur...*	Mlle MÉRENTIÉ, M. MAGUENAT.
4588	MYRIA : *Il s'enfuit !*	Mlle MÉRENTIÉ, M. MAGUENAT.
4589	TIARKO : *Alors, pourquoi m'as-tu volé mon cœur ?*	Mmes MÉRENTIÉ, DELRYS, MM. MAGUENAT, TIRMONT, ALBERS.
4590	NINO : *Mais comme il est injuste.*	MM. ALBERS, TIRMONT.
4591	Scène (l'AUGUSTE et NINO). L'AUGUSTE : *Mes yeux ridés par les grimaces.*	Mme DELRYS, MM. ALBERS, TIRMONT, MAGUENAT.
4592	Air de Tiarko. TIARKO : *Dans le val fleuri.*	M. MAGUENAT.

PREMIER ACTE *(suite)*

N°	Titre	Interprètes
4593	Danse de MYRIA.	Orchestre.
4594	Interlude.	Orchestre.
4595	Duo (MYRIA et NINO). MYRIA : *Vois, le ciel brille d'étoiles.*	Mlle MÉRENTIÉ, M. TIRMONT.
4596	Duo (MYRIA et NINO). MYRIA : *Là ! là ! j'ai entendu gémir, écoute.*	Mlle MÉRENTIÉ, M. TIRMONT.
4597	TIARKO : *Ah ! gueuse !...*	M. MAGUENAT.
4598	Prélude (Acte deuxième) (MYRIA, NINO) (Scène). MYRIA : *Écoute, il faut partir.*	Mlle MÉRENTIÉ, M. TIRMONT.

LES FRÈRES DANILO *(Suite).*

DEUXIÈME ACTE

4599 Tiarko : *Ne dis rien...*   M. MAGUENAT.

4600 Tiarko : *Nino, écoute-moi.*   Mlle MÉRENTIÉ, MM. ALBERS, MAGUENAT, TIRMONT.

DEUXIÈME ACTE *(suite)*

4601 Ensemble général.
La Teigne : *Est-il mort ?*   Mme DELRYS, MM. DUPRÉ, ALBERS, TIRMONT, MAGUENAT.

4602 Nino : *Femme, il faut partir !*   MM. ALBERS, TIRMONT.

GALATHÉE

Opéra-Comique en 2 Actes
Livret de Jules BARBIER et Michel CARRÉ. — Musique de Victor MASSÉ
sous la direction de M. ARCHAINBAUD, Chef d'Orchestre de la Gaîté-Lyrique

DISTRIBUTION :

Pygmalion	MM. **Gresse**, de l'Opéra.	Galathée	Mme **Morlet**, du Trianon-Lyrique.
Midas	**Jouvin**, du Trianon-Lyrique.		
Ganymède	**Vaguet**, de l'Opéra.		

PREMIER ACTE

2230 Ouverture (ORCHESTRE). — Direction ARCHAINBAUD.
2231 Introduction et chœur.
    CHŒUR : *L'aurore, en souriant.* — M. VAGUET et CHŒURS.
2232 Poème.
    GANYMÈDE : *Hein ! je crois qu'on frappe à la porte !...*
    Couplets de Midas. — MM. VAGUET, JOUVIN.
    Depuis vingt ans j'exerce.
2233 Poème.
    GANYMÈDE : *Je vous en fais mon compliment...*
    Trio. — MM. VAGUET, GRESSE, JOUVIN.
    PYGMALION : *Qu'ai-je vu !...*
2234 Trio (SUITE). — MM. VAGUET, GRESSE, JOUVIN.
    GANYMÈDE : *Holà !...*
2235 Trio (FIN) — MM. VAGUET, GRESSE, JOUVIN.
    PYGMALION : *Toutes les femmes.*
2236 Air de PYGMALION.
    Tristes amours !... — M. GRESSE.

PREMIER ACTE (suite)

2237 Air de PYGMALION (SUITE).
    Je la vois..... — M. GRESSE.
2238 Air de PYGMALION (FIN) :
    O Vénus, sois-moi clémente ! — M. GRESSE.
2239 Scène.
    GALATHÉE : *Moi... Je suis...* — Mme MORLET, M. GRESSE.
2240 Duo.
    PYGMALION : *Aimons !... il faut aimer...* — Mme MORLET, M. GRESSE.
2241 Duo (FIN).
    PYGMALION: *Et maintenant* — Mme MORLET, M. GRESSE.
2242 Poème.
    GALATHÉE : *Quels sont ces objets...* — Mme MORLET, M. GRESSE.
2243 Poème.
    GALATHÉE : *Le voilà parti !*
    Air de la lyre. — Mme MORLET
    GALATHÉE : *Que dis-tu ?*
    (ACCOMPAG^t DE HARPE.)

GALATHÉE *(Suite)*.

PREMIER ACTE *(suite)*

2244 Air (SUITE).
　GALATHÉE: *Roses parfumées.* Mme **MORLET**.
2245 Air (FIN).
　GALATHÉE: *Mais quels transports...* Mme **MORLET**.

DEUXIÈME ACTE

2246 Entr'acte (COR SOLO. — FLUTE SOLO) (ORCHESTRE). **Direction ARCHAINBAUD**.
2247 Poème.
　GANYMÈDE: *Est-ce que mon maître ne m'a pas appelé ?*
　Air de la paresse.
　GANYMÈDE: *Ah! qu'il est doux de ne rien faire...* M. **VAGUET**.
2248 Air de la paresse (FIN).
　GANYMÈDE: *Chacun ici-bas.....* M. **VAGUET**.
2249 Poème.
　GANYMÈDE: *Eh! mais que vois-je là-bas ?...* Mme **MORLET**. MM. **VAGUET, JOUVIN**.
2250 Trio bouffe.
　MIDAS: *Il me semblait n'être pas laid !...* Mme **MORLET**. MM. **VAGUET, JOUVIN**.

DEUXIÈME ACTE *(suite)*

2251 Trio bouffe (FIN).
　GALATHÉE: *Il me paraît laid tout de même !...* Mme **MORLET**, MM. **VAGUET, JOUVIN**.
2252 Poème.
　MIDAS: *Me voilà bien avancé !...* Mme **MORLET**, MM. **VAGUET, GRESSE, JOUVIN**.
2253 Quatuor.
　PYGMALION: *Allons, à table !* Mme **MORLET**, MM. **VAGUET, GRESSE, JOUVIN**.
2254 Quatuor (SUITE).
　GALATHÉE: *Sa couleur...* Mme **MORLET**, MM. **VAGUET, GRESSE, JOUVIN**.
2255 Quatuor (SUITE).
　GALATHÉE: *Déjà, dans la coupe profonde...* Mme **MORLET**, MM. **VAGUET, GRESSE, JOUVIN**.
2256 Quatuor (FIN).
　PYGMALION: *Assez ! ne buvez plus de vin...* Mme **MORLET**, MM. **VAGUET, GRESSE, JOUVIN**.
2257 Poème.
　GALATHÉE: *Ganymède !*
　Duettino.
　GALATHÉE: *Ganymède ! c'est toi que j'aime !...* Mme **MORLET**, M. **VAGUET**.
2258 Finale.
　PYGMALION ⎰ *Grands*
　MIDAS　　⎱ *Dieux !* Mme **MORLET**, MM. **VAGUET, GRESSE, JOUVIN**.
2259 Finale.
　CHŒUR: *Pygmalion !...* MM. **VAGUET, GRESSE, JOUVIN et CHŒURS**.

RIGOLETTO

Opéra en 4 Actes
Traduction française d'Édouard DUPREZ. — Musique de G. VERDI
sous la direction de M. RUHLMANN, premier Chef d'Orchestre de l'Opéra-Comique

DISTRIBUTION :

Rigoletto............	MM. **Noté**, de l'Opéra.	Madeleine........	Mmes **Lapeyrette**, de l'Opéra.
Le duc.............	**Lassalle**, de l'Opéra.	Joanna...........	**Goulancourt**, de l'Opéra.
Sparafucile......... }		La Comtesse..... }	
Marcello........... }	**Dupré**, de l'Opéra-Comique.	Un page......... }	**Gantéri**, de l'Opéra-Comique.
Comte de Monterone. }		Gilda............	**Aline Vallandri**, de l'Opéra-Comique.
Comte de Ceprano...	**Belhomme**, de l'Opéra-Comique.		
Borda.............	**de Poumayrac**, de l'Opéra-Comique.		

PREMIER ACTE

2436 Prélude et Introduction.
  (ORCHESTRE). — Direction **RUHLMANN**.
2437 Introduction (SUITE).
  LE DUC : *Oui, cher Baron.*
  Ballade.
  LE DUC : *Qu'une belle...* — Mme **GANTÉRI**. MM. **LASSALLE**, **de POUMAYRAC**.
  Menuet.
2438 RIGOLETTO : *Seigneur Ceprano, qu'avez-vous en tête ?...* — MM. **NOTÉ**, **LASSALLE**, **de POUMAYRAC**, **BELHOMME**, **DUPRÉ et CHŒURS**.
  MUSIQUE MILITAIRE.
  Morceau d'ensemble.
  MARCELLO : *Merveille !...*
2439 Suite et strette de l'Introduction.
  MONTERONE : *Il va m'entendre !...* — MM. **NOTÉ**, **LASSALLE**, **BELHOMME**, **DUPRÉ**, **de POUMAYRAC et CHŒURS**.

DEUXIÈME ACTE

2440 Duo (Baryton et basse).
  RIGOLETTO : *Le vieillard m'a maudit !...* — MM. **NOTÉ**, **DUPRÉ**.
2441 Scène.
  RIGOLETTO : *Tous deux égaux !...* — M. **NOTÉ**.
2442 Duo (Soprano et baryton). — Mme **A. VALLANDRI**, M. **NOTÉ**.
  RIGOLETTO : *Et sa voix...*
2443 Duo (SUITE).
  GILDA : *De ma retraite solitaire...* — Mmes **A. VALLANDRI**, **GOULANCOURT**, MM. **NOTÉ**, **LASSALLE**.
2444 Duo (FIN).
  RIGOLETTO : *Ah ! veille, ô femme...* — Mme **A. VALLANDRI**, M. **NOTÉ**.
2445 Scène et duo (Soprano et ténor).
  GILDA : *Johanna, je meurs de honte !...* — Mmes **A. VALLANDRI**, **GOULANCOURT**, M. **LASSALLE**.

RIGOLETTO (Suite).

DEUXIÈME ACTE (suite)

2446 Duo (SUITE).
   LE DUC : *Vois à tes pieds.*
   Mme A. VALLANDRI,
   M. LASSALLE.

2447 Duo (FIN).
   LE DUC : *Ah ! redis encore.*
   Mmes A. VALLANDRI, GOULANCOURT,
   MM. LASSALLE, BELHOMME, de POUMAYRAC.

2448 Air (Soprano).
   GILDA : *O doux nom, ô nom charmant !...*
   Mme A. VALLANDRI,
   MM. BELHOMME, DUPRÉ, de POUMAYRAC et CHŒURS.

2449 Scène.
   RIGOLETTO : *J'ai peur... pourquoi ?...*
   MM. NOTÉ, BELHOMME, DUPRÉ, de POUMAYRAC.

2450 CHŒUR : *Piano, piano.*
   Mme A. VALLANDRI,
   MM. NOTÉ, BELHOMME, de POUMAYRAC, DUPRÉ et CHŒURS.

TROISIÈME ACTE

2451 Scène II.
   MARCELLO.
   BORSA : *Seigneur, Seigneur !...*
   CEPRANO.
   CHŒURS.
   MM. LASSALLE, DUPRÉ, de POUMAYRAC, BELHOMME et CHŒURS.

2452 Scène.
   MARCELLO : *Paix ! voici le bouffon !...*
   Mme GANTÉRI,
   MM. DUPRÉ, NOTÉ, de POUMAYRAC, BELHOMME et CHŒURS.

TROISIÈME ACTE (suite)

2453 Air (Baryton).
   RIGOLETTO : *Courtisans, race vile...*
   M. NOTÉ.

2454 Scène et chœur.
   GILDA : *Mon père !...*
   Mme A. VALLANDRI,
   MM. NOTÉ, DUPRÉ, de POUMAYRAC, et CHŒURS.

2455 Duo (Soprano et baryton).
   RIGOLETTO : *Parle, ma fille...*
   Mme A. VALLANDRI,
   M. NOTÉ.

2456 Duo (SUITE).
   RIGOLETTO : *Ah ! pleure !...*
   Mme A. VALLANDRI,
   M. NOTÉ.

2457 Duo (FIN).
   RIGOLETTO : *Dans toute sa bonté...*
   Mme A. VALLANDRI,
   MM. NOTÉ, DUPRÉ, BELHOMME.

QUATRIÈME ACTE

2458 Prélude et Scène.
   RIGOLETTO : *Et tu l'aimes ?*
   Mme A. VALLANDRI,
   MM. NOTÉ, LASSALLE, DUPRÉ.

2459 Chanson (Ténor).
   LE DUC : *Comme la plume au vent...*
   MM. NOTÉ, LASSALLE, DUPRÉ.

2460 Quatuor (Soprano, contralto, ténor et basse).
   LE DUC : *Un jour, bel ange...*
   Mmes A. VALLANDRI, LAPEYRETTE,
   MM. NOTÉ, LASSALLE.

2461 Quatuor (SUITE ET FIN).
   LE DUC : *Oui, mon âme s'abandonne...*
   Mmes A. VALLANDRI, LAPEYRETTE,
   MM. NOTÉ, LASSALLE.

RIGOLETTO *(Suite).*

QUATRIÈME ACTE *(suite)*

2462 Scène.
RIGOLETTO : *Écoute, il faut partir...*
Mmes A. VALLANDRI, LAPEYRETTE,
MM. NOTÉ, LASSALLE, DUPRÉ.

2463 Scène (SUITE).
MADELEINE : *Pauvre jeune homme...*
Mmes A. VALLANDRI, LAPEYRETTE,
MM. LASSALLE, DUPRÉ.

QUATRIÈME ACTE *(suite)*

2464 Scène, Trio (Soprano, contralto et basse).
MADELEINE : *Si jeune et si beau...*
Mmes A. VALLANDRI, LAPEYRETTE,
M. DUPRÉ.

2465 Scène et finale.
RIGOLETTO : *L'heure est venue enfin...*
MM. NOTÉ, LASSALLE, DUPRÉ.

ROMÉO ET JULIETTE

Opéra en 5 Actes
Livret de Michel CARRÉ et Jules BARBIER. — Musique de GOUNOD
sous la direction de M. RUHLMANN, premier Chef d'Orchestre de l'Opéra-Comique

DISTRIBUTION :

Roméo........	**MM. Affre**, de l'Opéra.
Tybalt.......	**Tirmont**, de l'Opéra-Comique.
Mercutio.....	**Boyer**, de l'Opéra-Comique.
Pâris........	**Dupré**, de l'Opéra-Comique.
Grégorio.....	**Belhomme**, de l'Opéra-Comique.
Capulet......	**Albers**, de l'Opéra-Comique.
Frère Laurent.	**Journet**, de l'Opéra.
Le duc.......	**Valermont**, du Théâtre des Champs-Élysées.

Juliette..................	Mlle **Yvonne Gall**, de l'Opéra.
Stéphano.................	Mmes **Champell**, de l'Opéra.
Gertrude.................	**Goulancourt**, de l'Opéra.
	Chœurs de l'Opéra-Comique.

CHŒURS DE L'OPÉRA-COMIQUE

PREMIER ACTE

4702 Ouverture-Prologue (ORCHESTRE). — **Direction RUHLMANN.**

4703 Chœur : *Vérone vit jadis.* — **ARTISTES et CHŒURS.**

4704 Introduction. — Bal des Capulet.
Chœur (suite) : *L'heure s'envole.* — **CHŒURS.**

4705 Tybalt-Pâris.
Tybalt : *Eh bien ! cher Pâris.* — **MM. TIRMONT, DUPRÉ, ALBERS.**

PREMIER ACTE (suite)

4706 Entrée de Juliette :
Écoutez ! Écoutez !
Capulet : *Allons ! jeunes gens !* — Mlle **YVONNE GALL, M. ALBERS.**

4707 Capulet : *Qui reste à sa place.* — **M. ALBERS et CHŒURS.**

4708 Scène.
Mercutio : *Enfin la place est libre.*
Ballade de la Reine Mab.
Mercutio : *Mab, la reine des mensonges.* — **MM. BOYER, AFFRE et CHŒURS.**

ROMÉO ET JULIETTE *(Suite).*

PREMIER ACTE *(suite)*

4709 Récit et Scène.
   Roméo : *Eh bien ! que l'avertissement.*   **MM. AFFRE, BOYER et CHŒURS.**
   (Mercutio-Chœur).

4710 Orchestre.
   Juliette : *Voyons, nourrice, on m'attend !*
   Gertrude. — Récit *(Ariette).*   **Mlle YVONNE GALL,**
   Juliette : *Je veux vivre dans le rêve.*   **Mme GOULANCOURT.**

4711 Suite de l'Ariette.
   Juliette : *Cette ivresse de jeunesse.*   **Mlle YVONNE GALL.**

4712 Récit (Roméo-Grégorio).
   Roméo : *Le nom de cette belle enfant ?*   **MM. AFFRE, BELHOMME,**
   Madrigal.   **Mlle YVONNE GALL,**
   Roméo : *Ange adorable.*   **Mme GOULANCOURT.**

4713 Madrigal (suite).
   Roméo : *Les saintes ont pourtant une bouche vermeille.*   **MM. AFFRE, TIRMONT,**
   Final.   **Mlle YVONNE GALL.**
   (Juliette-Roméo-Tybalt.)

4714 Final (suite).
   Juliette : *C'était Roméo !*   **MM. AFFRE, TIRMONT, DUPRÉ, BOYER, ALBERS,**
   (Capulet-Tybalt-Paris-Mercutio).   **Mlle YVONNE GALL et CHŒURS.**

DEUXIÈME ACTE

4715 Orchestre.
   Roméo : *O nuit, sous tes ailes obscures.*   **M. AFFRE et CHŒURS.**

4716 Cavatine : *L'Amour ! L'Amour !*
   Chœur.   **M. AFFRE.**
   Suite de la Cavatine.
   Roméo : *Ah ! lève-toi, soleil.*

4717 Scène et chœur.   **M. AFFRE,**
   Juliette : *Hélas ! moi le haïr.*   **Mlle YVONNE GALL et CHŒURS.**
   Roméo : *Est-il vrai ?*

4718 Juliette : *N'accuse pas mon cœur.*   **M. AFFRE, Mlle YVONNE GALL et CHŒURS.**

4719 Gertrude : *De qui parlez-vous donc ?*
   Chœur-Duo.   **MM. AFFRE, BELHOMME,**
   Roméo : *O nuit divine.*   **Mlle YVONNE GALL, Mme GOULANCOURT.**

4720 Juliette : *Fais-moi dire quel jour.*   **M. AFFRE, Mlle YVONNE GALL.**

4721 Duo (suite).
   Roméo : *Ah ! ne fuis pas encore.*   **M. AFFRE, Mlle YVONNE GALL.**
   Juliette : *Ah ! on peut nous surprendre.*

4722 Duo (suite).
   Roméo : *Adieu.*   **M. AFFRE, Mlle YVONNE GALL.**
   Juliette : *Adieu.*

ROMÉO ET JULIETTE (Suite).

TROISIÈME ACTE

4723 Entr'acte-Orchestre.
 ROMÉO : *Mon père, Dieu vous garde.*
 FRÈRE LAURENT : *Eh ! quoi ! le jour à peine se lève.* — MM. AFFRE, JOURNET.

4724 FRÈRE LAURENT : *L'Amour ! encore l'indigne Rosaline.*
 (ROMÉO-JULIETTE). — Mlle YVONNE GALL, MM. AFFRE, JOURNET

4725 Trio.
 FRÈRE LAURENT : *Dieu, qui fis l'homme à ton image.*
 JULIETTE - ROMÉO : *Seigneur ! nous promettons d'obéir.* — Mlle YVONNE GALL, MM. AFFRE, JOURNET.

4726 FRÈRE LAURENT : *Roméo, tu choisis Juliette pour femme.*
 Quatuor.
 (JULIETTE - GERTRUDE - ROMÉO - FRÈRE LAURENT). — Mlle YVONNE GALL, Mme GOULANCOURT, MM. AFFRE, JOURNET.

4727 Chanson de STÉPHANO : *Depuis hier, je cherche en vain.* — Mme CHAMPELL.

4728 Chanson de STÉPHANO (SUITE). *Les vautours sont à la curée.*
 Final.
 STÉPHANO : *Voici nos gens.*
 (GRÉGORIO-CHŒURS). — Mme CHAMPELL, M. BELHOMME et CHŒURS.

TROISIÈME ACTE (suite)

4729 CHŒURS : *Quelle rage, vertudieu.*
 (MERCUTIO - TYBALT - ROMÉO). — MM. AFFRE, TIRMONT, BOYER et CHŒURS.

4730 MERCUTIO : *Eh bien ! donc.*
 (ROMÉO-TYBALT-CHŒURS) : *Capulets, race immonde.* — MM. AFFRE, TIRMONT, BOYER et CHŒURS.

4731 Final (SUITE).
 Orchestre.
 ROMÉO : *A toi !* — MM. AFFRE, ALBERS, TIRMONT, Mme CHAMPELL et CHŒURS.

4732 BASSES : *Le duc !* — MM. AFFRE, ALBERS, VALERMONT, Mme CHAMPELL et CHŒURS.

4733 ROMÉO : *Ah ! jour de deuil.*
 Chœur (Hommes). — M. AFFRE et CHŒURS.

QUATRIÈME ACTE

4734 Orchestre.
 JULIETTE : *Va, je t'ai pardonné.*
 ROMÉO : *Ah ! redis-le ce mot si doux.* — M. AFFRE, Mlle YVONNE GALL.

4735 Duo.
 ROMÉO et JULIETTE : *Nuit d'hyménée.*
 JULIETTE : *Non ce n'est pas le jour.* — M. AFFRE, Mlle YVONNE GALL.

4736 ROMÉO : *Ah ! vienne donc la mort.*
 JULIETTE : *Ah ! tu dis vrai.* — M. AFFRE, Mlle YVONNE GALL.

ROMÉO ET JULIETTE (Suite).

QUATRIÈME ACTE (suite)

4737 JULIETTE : *Adieu, mon âme.*   M. ALBERS,
Quatuor (Commencement).   Mlle YVONNE GALL,
(GERTRUDE-JULIETTE-   Mme GOULANCOURT.
CAPULET).

4738 Quatuor (SUITE).
CAPULET : *Que l'hymne*   MM. ALBERS, JOURNET,
nuptial.   Mlle YVONNE GALL,
(JULIETTE - GERTRUDE -   Mme GOULANCOURT.
FRÈRE LAURENT).

4739 CAPULET : *Frère Laurent*
saura te dicter ton devoir.   MM. ALBERS, JOURNET,
Scène.   Mlle YVONNE GALL.
JULIETTE : *Mon père, tout*
m'accable.

4740 FRÈRE LAURENT : *Bientôt*
une pâleur livide.   M. JOURNET,
JULIETTE : *Non, à votre*   Mlle YVONNE GALL.
main j'abandonne ma vie.

4741 Ballet. Cortège nuptial
(ORCHESTRE).   Direction RUHLMANN.

4742 Entrée des Joailliers
(ORCHESTRE).   Direction RUHLMANN.

4743 Ballet (SUITE).
La Fiancée et les Fleurs.
Valse des Fleurs
(ORCHESTRE).   Direction RUHLMANN.

4744 Ballet (SUITE).
Valse des fleurs (SUITE).
Danse de la fiancée
(ORCHESTRE).   Direction RUHLMANN.

QUATRIÈME ACTE (suite)

4745 Ballet (SUITE).
L'Invitation. La jeune fille
au voile.
Danse bohémienne
(ORCHESTRE).   Direction RUHLMANN.

4746 Ballet (SUITE).
Danse bohémienne
(SUITE ET FIN)
(ORCHESTRE).   Direction RUHLMANN.

4747 Orchestre.
CAPULET : *Ma fille.*   M. ALBERS.

4748 JULIETTE : *La haine est le*   Mlle YVONNE GALL et
berceau.   CHŒURS.

4749 Le sommeil de JULIETTE
(ORCHESTRE).   Direction RUHLMANN.

CINQUIÈME ACTE

4750 ROMÉO : *C'est là !...*   M. AFFRE.

4751 ROMÉO : *Ah ! je te contemple*   M. AFFRE,
sans crainte.   Mlle YVONNE GALL.

4752 JULIETTE : *Dieu ! quelle est*   M. AFFRE,
cette voix.   Mlle YVONNE GALL.

4753 ROMÉO : *Console-toi, pauvre*
âme.   M. AFFRE,
JULIETTE : *O douleur !... ô*   Mlle YVONNE GALL.
torture !...

4754 JULIETTE : *Va ! ce moment*   M. AFFRE,
est doux !   Mlle YVONNE GALL.

LA TRAVIATA

Opéra en 4 Actes
Traduction française d'Édouard DUPREZ. — Musique de G. VERDI
sous la direction de M. ARCHAINBAUD, Chef d'Orchestre de la Gaîté-Lyrique

DISTRIBUTION :

D'Orbel............	MM. **Albers**, de l'Opéra-Comique.	*Violetta*..................	Mmes **Morlet**, du Trianon-Lyrique.
Le docteur.........	**Belhomme**, de l'Opéra-Comique.	*Clara*...................	
Emile..............	**de Poumayrac**, de l'Opéra-Comique.	*Annette*.................	**Gantéri**, de l'Opéra-Comique.
Le marquis........	**Dupré**, de l'Opéra-Comique.		
Rodolphe..........	**Trosselli**, du Trianon-Lyrique.		

PREMIER ACTE

4426 **Prélude** (ORCHESTRE). — Direction ARCHAINBAUD.

4427 **Introduction.**
CHŒURS : *A la fête, il manque des fidèles.*
Mmes MORLET, GANTÉRI, MM. TROSSELLI, DUPRÉ, BELHOMME, DE POUMAYRAC et CHŒURS.

4428 **Fin de l'Introduction.**
ÉMILE : *Toi d'Orbel.*
Brindisi.
RODOLPHE : *Buvons, amis.*
Mmes MORLET, GANTÉRI, MM. TROSSELLI, DUPRÉ, BELHOMME, DE POUMAYRAC et CHŒURS.

4429 **Brindisi** (FIN).
VIOLETTA : *Versez...*
ENSEMBLE ET DUO : *Quel bruit ?...*
Mmes MORLET, GANTÉRI, MM. TROSSELLI, DUPRÉ, BELHOMME, DE POUMAYRAC et CHŒURS.

PREMIER ACTE (suite)

4430 **Duo** (SUITE).
RODOLPHE : *Un jour pour charmer ma vie.*
Mme MORLET, M. TROSSELLI.

4431 **Duo** (FIN).
ÉMILE : *Eh bien, que faites-vous ?*
Scène et air.
VIOLETTA : *Quel trouble !*
Mme MORLET, MM. TROSSELLI, DE POUMAYRAC.

4432 **Air** (SUITE).
VIOLETTA : *Quel est donc ce trouble charmant ?*
Mme MORLET.

4433 **Air** (FIN).
VIOLETTA : *Folie ! Folie !*
Mme MORLET, M. TROSSELLI.

LA TRAVIATA (Suite).

DEUXIÈME ACTE

4434 Scène et air.
   RODOLPHE : *Non, non ! loin d'elle tout plaisir est trompeur...*   M. TROSSELLI.

4435 Scène.
   RODOLPHE : *D'où venez-vous, Annette ?*   Mmes MORLET, GANTÉRI, M. TROSSELLI.

4436 Scène.
   D'ORBEL : *Vous êtes Violetta ?*   Mme MORLET, M. ALBERS.

4437 Air et Scène.
   D'ORBEL : *C'est mon trésor, ma vie !*   Mme MORLET, M ALBERS.

4438 Scène (SUITE).
   VIOLETTA : *Ah ! de mes larmes.*   Mme MORLET, M. ALBERS.

4439 Scène (FIN).
   VIOLETTA : *Qu'ordonnez-vous ?*   Mme MORLET, M. ALBERS.

4440 Scène et Duo.
   VIOLETTA : *O mon Dieu, que je souffre.*   Mmes MORLET, GANTÉRI, M. TROSSELLI.

4441 Scène et Air.
   RODOLPHE : *Ton cœur est bien à moi !*   MM. ALBERS, TROSSELLI.

4442 Air (FIN).
   D'ORBEL : *Ne reviendras-tu jamais...*   MM. ALBERS, TROSSELLI, BELHOMME.

TROISIÈME ACTE

4443 Entr'acte et Scène.
   CLARA : *Oui, chers amis...*
   CHŒURS DES BOHÉMIENS : *Enfants de la Bohême.*   Mme GANTÉRI, MM. DUPRÉ, BELHOMME et CHŒURS.

4444 CHŒUR DES MATADORS.
   Ah ! venez les voir...   Mme GANTÉRI, MM. DUPRÉ, BELHOMME et CHŒURS.

4445 Morceau d'ensemble
   TOUS : *Rodolphe, vous ici ?*   Mmes MORLET, GANTÉRI, MM. TROSSELLI, DUPRÉ, BELHOMME, DE POUMAYRAC et CHŒURS.

4446 Morceau d'ensemble (SUITE).
   VIOLETTA : *Il viendra.*   Mmes MORLET, GANTÉRI, MM. TROSSELLI, DUPRÉ, BELHOMME, DE POUMAYRAC et CHŒURS.

4447 Morceau d'ensemble (SUITE).
   RODOLPHE : *Par un amour coupable !...*   Mme MORLET, MM. TROSSELLI, DUPRÉ, BELHOMME, DE POUMAYRAC et CHŒURS.

4448 Morceau d'ensemble (FIN).
   VIOLETTA : *A toi Rodolphe, à toi ma vie !*   Mmes MORLET, GANTÉRI, MM. TROSSELLI, DUPRÉ, BELHOMME, DE POUMAYRAC et CHŒURS.

QUATRIÈME ACTE

4449 Entr'acte (ORCHESTRE).   Direction ARCHAINBAUD.

LA TRAVIATA *(Suite).*

QUATRIÈME ACTE *(suite)*

4450 Scène.
   VIOLETTA : *Annette ?* — M#mes# **MORLET, GANTÉRI,** M. **BELHOMME.**

4451 Scène.
   VIOLETTA (lisant) :
   Vous avez tenu votre promesse. — M#me# **MORLET.**

4452 Air.
   VIOLETTA : *Adieu, tout ce que j'aime !*
   CHŒUR DES MASQUES (dans la coulisse) : *C'est le bœuf gras.* — M#me# **MORLET et CHŒURS.**

4453 Scène et Duo.
   ANNETTE : *Madame ?* — M#mes# **MORLET, GANTÉRI,** M. **TROSSELLI**

QUATRIÈME ACTE *(suite)*

4454 Duo (SUITE).
   VIOLETTA : *L'amour m'enivre.* — M#me# **MORLET,** M. **TROSSELLI.**

4455 Scène et Duo (FIN).
   VIOLETTA : *Ah ! partons !* — M#me# **MORLET,** M. **TROSSELLI.**

4456 Scène finale.
   D'ORBEL : *Ah ! ma fille !* — M#me# **MORLET,** MM. **TROSSELLI, ALBERS.**

4457 Scène finale (fin).
   VIOLETTA : *A toi, mon bien-aimé.* — M#mes# **MORLET, GANTÉRI,** MM. **TROSSELLI, ALBERS, BELHOMME.**

LE TROUVÈRE

Opéra en 4 Actes
Traduction française d'Émilien PACINI. — Musique de G. VERDI
sous la direction de M. RUHLMANN, premier Chef d'Orchestre de l'Opéra-Comique

DISTRIBUTION :

Le Comte de Luna............	**MM. Noté**, de l'Opéra.	*Azucena* (la Bohémienne).......	**Mmes Lapeyrette**, de l'Opéra.
Manrique (le Trouvère).........	**Fontaine**, de l'Opéra.	*Léonore*................	**Morlet**, du Trianon-Lyrique.
Fernand.....................	**Marvini**, de l'Opéra.	*Inès*..................	**Gantéri**, de l'Opéra-Comique.
Ruiz.......................	**Nansen**, de l'Opéra.		

PREMIER ACTE

2537 Chœur d'introduction et Cavatine.
  FERNAND : *Alerte ! qu'on veille...* **M. MARVINI et CHŒURS.**

2538 Chœur d'introduction et Cavatine (SUITE).
  FERNAND : *Paraît à ses regards...* **M. MARVINI et CHŒURS.**

2539 Suite de l'introduction
  CHŒURS : *Son Père ?...*
  FERNAND : *Brisé par sa peine amère...* **M. MARVINI et CHŒURS.**

2540 Scène et air (LÉONORE, INÈS).
  INÈS : *Qui vous arrête ?...*
  LÉONORE (1er couplet) : *La nuit calme et sereine...* **Mmes MORLET, GANTÉRI.**

PREMIER ACTE *(suite)*

2541 Scène et air (SUITE).
  (LÉONORE, INÈS).
  LÉONORE (2e couplet) : *Pour moi céleste ivresse...*
  LÉONORE (air) : *L'amour ardent...* **Mmes MORLET, GANTÉRI**

2542 Scène et romance (LE COMTE, LE TROUVÈRE).
  Scène et trio (LES MÊMES, LÉONORE).
  LE COMTE : *La nuit est calme...*
  LE TROUVÈRE (Romance) : *Exilé sur la terre* (AVEC ACC^t DE HARPE). **MM. NOTÉ, FONTAINE, Mme MORLET.**

2543 Scène et Trio (SUITE)
  (LE COMTE, LÉONORE, LE TROUVÈRE).
  LÉONORE : *Ah! quelle erreur.* **MM. NOTÉ, FONTAINE, Mme MORLET.**

LE TROUVÈRE (Suite).

DEUXIÈME ACTE

2544 Chœur des bohémiens : *Le jour renaît.*
Chanson d'Azucena : *La flamme brille...* (1ᵉʳ couplet). — Mˡˡᵉ **LAPEYRETTE** et **CHŒURS.**

2545 Chanson d'Azucena : *La flamme brille...* (2ᵉ couplet).
Chœur des bohémiens : *Au bohémien joyeux.* — Mˡˡᵉ **LAPEYRETTE** et **CHŒURS.**

2546 Ballade.
Manrique : *Nous voilà seuls...*
Azucena (Ballade) : *C'est là qu'ils l'ont traînée...* — Mˡˡᵉ **LAPEYRETTE, M. FONTAINE.**

2547 Ballade (SUITE).
Scène et Duo (Manrique, Azucena).
Azucena : *J'étends ma main tremblante...* — Mˡˡᵉ **LAPEYRETTE, M. FONTAINE.**

2548 Scène et Duo (SUITE) (Manrique, Azucena).
Manrique : *Au milieu de la carrière.* — Mˡˡᵉ **LAPEYRETTE, M. FONTAINE.**

2549 Scène et Duo (FIN) (Manrique, Azucena).
Manrique : *Un messager vers nous s'avance...*
Azucena : *O mon fils, toi que j'adore...* — Mˡˡᵉ **LAPEYRETTE, M. FONTAINE.**

DEUXIÈME ACTE *(suite)*

2550 Scène et Air (Le Comte, Fernand).
Le Comte : *Tout est désert.*
Le Comte (Air) : *Son regard, son doux sourire...* — MM. **NOTÉ, MARVINI.**

2551 Scène (SUITE) (Le Comte, Fernand, Chœurs).
(On entend les cloches.)
Le Comte : *Qu'entends-je, ô Ciel !...*
Le Comte : *Cruelle impatience...*
Chœurs : *Allons, amis...* — MM. **NOTÉ, MARVINI** et **CHŒURS.**

2552 Chœur et Finale (Léonore, Chœur des religieuses).
Chœur des religieuses : *L'Exil est sur la terre...* — Mᵐᵉ **MORLET** et **CHŒURS.**

2553 Suite du Finale (Léonore, Inès, Le Comte, Fernand, Chœur des religieuses).
Léonore : *Pourquoi pleurer ?...* — MM. **NOTÉ, MARVINI.** Mᵐᵉˢ **MORLET, GANTÉRI** et **CHŒURS.**

2554 Morceau d'ensemble (SUITE DU FINALE).
Léonore : *O ciel, Manrique, est-ce bien lui ?...* — MM. **NOTÉ, MARVINI,** Mᵐᵉˢ **MORLET, GANTÉRI** et **CHŒURS.**

2555 Morceau d'ensemble (SUITE DU FINALE).
(Les mêmes, suivants du Comte, suivants du Trouvère).
Léonore : *Oh ! ce n'est pas du ciel, un rêve...* — MM. **NOTÉ, MARVINI,** Mᵐᵉˢ **MORLET, GANTÉRI** et **CHŒURS.**

LE TROUVÈRE (Suite).

TROISIÈME ACTE

2556 Chœur des Soldats (Fernand et Chœurs).
Chœurs : *Les dés ont pour nous des charmes...*
Fernand : *Chers compagnons...*
— M. MARVINI et CHŒURS.

2557 Chœurs des Soldats (suite et fin).
Oui, demain la fête...
— M. MARVINI et CHŒURS.

2558 Ballet (n° 3. — *La Bohémienne*) (orchestre).
— Direction RUHLMANN.

2559 Ballet (suite et fin) (orchestre).
— Direction RUHLMANN.

2560 Romance. — Prière. — Ensemble (Le Comte, Fernand, Azucena).
Le Comte : *Dans les bras d'un rival...*
— Mlle LAPEYRETTE, MM. NOTÉ, MARVINI.

2561 Romance. — Prière. — Ensemble (suite et fin) (Les mêmes, Chœurs).
Azucena (Romance) : *Je vivais pauvre et sans peine...*
Azucena (Prière) : *Prenez pitié de ma douleur...*
— Mlle LAPEYRETTE, MM. NOTÉ, MARVINI et CHŒURS.

TROISIÈME ACTE (suite)

2562 Scène et Air (Léonore, Manrique).
Léonore : *Quel est ce bruit lointain ?...*
Manrique (Air) : *O toi mon seul espoir...*
— Mme MORLET, M. FONTAINE.

2563 Scène et Air (suite et fin) (Léonore, Manrique, Ruiz, Chœurs).
Léonore : *S'il faut que je succombe...*
Manrique : *Supplice infâme...*
Chœurs : *Aux armes !...*
— Mme MORLET, MM. FONTAINE, NANSEN et CHŒURS.

QUATRIÈME ACTE

2564 Scène, Air et Duo (Léonore, Ruiz).
Ruiz : *C'est là, voici la tour.*
— Mme MORLET, M. NANSEN.

2565 Scène, Air et Duo (suite).
Léonore (Air) : *Brise d'amour fidèle...*
— Mme MORLET.

2566 Scène, Air et Duo (suite) (Léonore Manrique, Chœurs).
Chœurs : *Miserere, pitié pour notre frère...* (Cloche des morts).
Léonore : *Ces voix en prière...*
Manrique : *Dieu que ma voix implore...* (avec acc^t de harpe).
— Mme MORLET, M. FONTAINE et CHŒURS.

LE TROUVÈRE (Suite).

QUATRIÈME ACTE (suite)

2567 Scène, Air et Duo (SUITE ET FIN) (LÉONORE, MANRIQUE, CHŒURS).
    LÉONORE : *La mort m'environne...*
    CHŒURS : *Miserere !...*
    MANRIQUE : *Je meurs heureux encore...* (AVEC ACC^t DE HARPE).
        Mme MORLET, M. FONTAINE et CHŒURS.

2568 Scène et Duo (LE COMTE, LÉONORE).
    LE COMTE : *C'est l'ordre que le fils soit puni par la hache...*
        Mme MORLET, M. NOTÉ.

2569 Scène et Duo (SUITE ET FIN).
    LÉONORE : *Comte !...*
    LE COMTE : *Arrière...*
    LÉONORE : *Sauvé, sauvé, bonheur divin !...*
    LE COMTE : *Un seul regard moins inhumain...*
        Mme MORLET, M. NOTÉ.

2570 Duo (MANRIQUE, AZUCENA).
    MANRIQUE : *Mère, tu dors...*
        Mlle LAPEYRETTE, M. FONTAINE.

QUATRIÈME ACTE (suite)

2571 Duo (SUITE ET FIN).
    AZUCENA : *Ah ! que d'un fils une tendre parole...*
    AZUCENA *O ma Patrie...*
        Mlle LAPEYRETTE, M. FONTAINE.

2572 Scène et Trio (MANRIQUE, LÉONORE, AZUCENA)...
    MANRIQUE : *Quoi ! qu'ai-je vu ?...*
        Mlle LAPEYRETTE, Mme MORLET, M. FONTAINE.

2573 Suite du Trio et Scène finale (LÉONORE, MANRIQUE, LE COMTE).
    MANRIQUE : *Arrière !...*
    LÉONORE : *Quel martyre !...*
    Trio. — LE COMTE : *Ah ! l'ingrate est parjure...*
        MM. NOTÉ, FONTAINE, Mme MORLET.

2574 Scène finale,
    CHŒURS. — *Miserere... priez pour notre frère.*
        Mmes LAPEYRETTE, MORLET, MM. NOTÉ, FONTAINE et CHŒURS.

COMÉDIE-FRANÇAISE
LE CID
Tragédie en 5 Actes de Pierre CORNEILLE

DISTRIBUTION

Don Diègue (père de Don Rodrigue)	MM. Paul Mounet	Chimène (fille de Don Gomès)	Mme Madeleine Roch
Don Arias (gentilhomme castillan)	Falconnier	Léonor (gouvernante de l'Infante)	Lherbay
Don Gomès (comte de Gormas, père de Chimène)	Ravet	Elvire (gouvernante de Chimène)	Yvonne Ducos
Don Rodrigue (amant de Chimène)	Alexandre	Dona Urraque (infante de Castille)	Jeanne Rémy
Don Alonse (gentilhomme castillan)	Gullhène		
Don Sanche (amoureux de Chimène)	Jean Worms	Un page de l'Infante	Jacques
Don Fernand (premier roi de Castille)	Gerbault		

NOTA. — Les trois coups frappés comme au théâtre qui s'entendent dans l'enregistrement indiquent un changement de décor ou d'acte.

PREMIER ACTE

4640 Chimène : *Elvire, m'as-tu fait un rapport bien sincère ?*
Chimène : *Allons, quoi qu'il en soit, en attendre l'issue.* — Mmes MADELEINE ROCH, YVONNE DUCOS.

4641 L'Infante : *Page, allez avertir Chimène de ma part...*
Léonor : *Vous souvient-il encor de qui vous êtes fille ?* — Mmes LHERBAY, JEANNE RÉMY.

4642 L'Infante : *Il m'en souvient si bien que j'épandrai mon sang...* — Mmes LHERBAY, JEANNE RÉMY, M. JACQUES.

PREMIER ACTE (suite)

4643 L'Infante : *Juste ciel, d'où j'attends mon remède,...*
Don Diègue : *Et sur de grands exploits bâtir sa renommée.* — Mme JEANNE RÉMY, MM. PAUL MOUNET, RAVET.

4644 Le Comte : *Les exemples vivants sont d'un autre pouvoir ;...*
Don Diègue : *Passe, pour me venger, en de meilleures mains.* — MM. PAUL MOUNET, RAVET.

LE CID (Suite).

PREMIER ACTE (suite)

4645 Don Diègue : *Rodrigue, as-tu du cœur ?*
Don Diègue : *Je vais les déplorer ; va, cours, vole, et nous venge.*
    MM. PAUL MOUNET,
    ALEXANDRE.

4646 Don Rodrigue: *Percé jusques au fond du cœur...*
Don Rodrigue : *Si l'offenseur est père de Chimène.*
    M. ALEXANDRE.

DEUXIÈME ACTE

4647 Le Comte : *Je l'avoue entre nous, mon sang un peu trop chaud...*
Le Comte : *Mais non pas me résoudre à vivre sans honneur.*
    MM. FALCONNIER,
    RAVET.

4648 Don Rodrigue : *A moi, Comte, deux mots.*
Chimène : *Que tu me vas coûter de pleurs et de soupirs !*
    MM. RAVET, ALEXANDRE,
    Mmes MADELEINE ROCH,
    JEANNE RÉMY.

4649 L'Infante : *Tu n'as dans leur querelle aucun sujet de craindre :*
L'Infante : *Dans mon esprit charmé jette un plaisir secret.*
    Mmes MADELEINE ROCH,
    JEANNE RÉMY,
    M. JACQUES.

4650 Léonor : *Cette haute vertu qui règne dans votre âme...*
Don Fernand : *Soit qu'il résiste ou non, vous assurer de lui.*
    Mmes LHERBAY,
    JEANNE RÉMY,
    MM. FALCONNIER,
    GERBAULT.

DEUXIÈME ACTE (suite)

4651 Don Sanche : *Peut-être un peu de temps le rendrait moins rebelle,*
Don Fernand : *C'est assez pour ce soir.*
    MM. FALCONNIER,
    JEAN WORMS,
    GERBAULT.

4652 Don Alonse : *Sire, le Comte est mort.*
Chimène : *Tout ce qu'enorgueillit un si haut attentat.*
    MM. PAUL MOUNET,
    GUILHÈNE,
    GERBAULT,
    Mme MADELEINE ROCH.

4653 Don Fernand : *Don Diègue, répondez.*
Chimène : *M'ordonner du repos, c'est croître mes malheurs.*
    MM. PAUL MOUNET,
    GERBAULT,
    Mme MADELEINE ROCH.

TROISIÈME ACTE

4654 Elvire : *Rodrigue, qu'as-tu fait ? où viens-tu, misérable ?*
Chimène : *Celle que je n'ai plus sur celle qui me reste.*
    Mmes MADELEINE ROCH,
    YVONNE DUCOS,
    MM. ALEXANDRE,
    JEAN WORMS.

4655 Elvire : *Reposez-vous, Madame.*
Chimène : *Le poursuivre, le perdre, et mourir après lui.*
    Mmes MADELEINE ROCH,
    YVONNE DUCOS.

4656 Don Rodrigue : *Eh bien ! sans vous donner la peine de poursuivre....*
Don Rodrigue : *Celui qui met sa gloire à l'avoir répandu.*
    M. ALEXANDRE,
    Mme MADELEINE ROCH.

LE CID (Suite).

TROISIÈME ACTE (suite)

4657 CHIMÈNE : *Ah ! Rodrigue, il est vrai, quoique ton ennemie,...*
DON RODRIGUE : *A mourir par ta main qu'à vivre avec ta haine.*
    M. ALEXANDRE,
    Mme MADELEINE ROCH.

4658 CHIMÈNE : *Va, je ne te hais point.*
DON DIÈGUE : *Ma crainte est dissipée, et mes ennuis cessés.*
    Mmes MADELEINE ROCH,
    YVONNE DUCOS,
    MM. PAUL MOUNET,
    ALEXANDRE.

4659 DON DIÈGUE : *Rodrigue, enfin le ciel permet que je te voie !*
DON DIÈGUE : *Que ce qu'il perd au Comte il le recouvre en toi.*
    MM. PAUL MOUNET,
    ALEXANDRE.

QUATRIÈME ACTE

4660 CHIMÈNE : *N'est-ce point un faux bruit ? le sais-tu bien, Elvire ?*
CHIMÈNE : *Et son bras valeureux n'est funeste qu'à moi.*
    Mmes MADELEINE ROCH,
    YVONNE DUCOS,
    JEANNE RÉMY.

4661 L'INFANTE : *Ma Chimène, il est vrai qu'il a fait des merveilles.*
CHIMÈNE : *Après mon père mort, je n'ai point à choisir.*
    Mmes MADELEINE ROCH,
    JEANNE RÉMY.

4662 DON FERNAND : *Généreux héritier d'une illustre famille.*
DON FERNAND : *Mais poursuis.*
    MM. ALEXANDRE,
    GERBAULT.

QUATRIÈME ACTE (suite)

4663 DON RODRIGUE : *Sous moi donc cette troupe s'avance. .*
. . . .
Et ne l'ai pu savoir jusques au point du jour.
    M. ALEXANDRE.

4664 DON RODRIGUE : *Mais enfin sa clarté montre notre avantage :...*
CHIMÈNE : *Non pas au lit d'honneur, mais sur un échafaud ;*
    MM. PAUL MOUNET,
    ALEXANDRE,
    GUILHÈNE,
    GERBAULT,
    Mme MADELEINE ROCH

4665 CHIMÈNE : *Qu'il meure pour mon père, et non pour la patrie :...*
DON FERNAND : *Les Mores en fuyant ont emporté son crime.*
    Mme MADELEINE ROCH,
    M. GERBAULT.

4666 DON DIÈGUE : *Quoi ! Sire, pour lui seul vous renversez des lois...*
DON FERNAND : *Qui que ce soit des deux, j'en ferai ton époux.*
    MM. PAUL MOUNET,
    J. WORMS,
    GERBAULT,
    Mme MADELEINE ROCH.

CINQUIÈME ACTE

4667 CHIMÈNE : *Quoi ! Rodrigue, en plein jour ! d'où te vient cette audace ?*
CHIMÈNE : *Et défends ton honneur, si tu ne veux plus vivre.*
    Mme MADELEINE ROCH,
    M. ALEXANDRE.

LE CID *(Suite).*

CINQUIÈME ACTE *(suite)*

4668 Don Rodrigue : *Après la mort du Comte, et les Mores défaits,...*
Don Rodrigue : *Pour en venir à bout, c'est trop peu que de vous.*
M. ALEXANDRE,
Mme MADELEINE ROCH.

4669 L'Infante : *T'écouterai-je encor, respect de ma naissance,...*
Léonor : *Et l'autorise enfin à paraître apaisée.*
Mmes LHERBAY,
JEANNE RÉMY.

4670 L'Infante : *Je le remarque assez, et toutefois mon cœur.*
Chimène : *Mon honneur lui fera mille autres ennemis.*
Mmes MADELEINE ROCH,
LHERBAY,
YVONNE DUCOS,
JEANNE RÉMY.

CINQUIÈME ACTE *(suite)*

4671 Elvire : *Gardez, pour vous punir de cet orgueil étrange,...*
Chimène : *Jusqu'au dernier soupir, mon père et mon amant.*
Mme MADELEINE ROCH,
YVONNE DUCOS,
M. JEAN WORMS.

4672 Don Diègue : *Enfin elle aime, Sire, et ne croit plus un crime...*
Don Rodrigue : *J'ose tout entreprendre et puis tout achever ;...*
MM. PAUL MOUNET,
ALEXANDRE,
JEAN WORMS,
GERBAULT,
Mme JEANNE RÉMY.

4673 Don Rodrigue : *Mais si ce fier honneur toujours inexorable...*
Don Fernand : *Laisse faire le temps, ta vaillance et ton roi.*
MM. ALEXANDRE,
GERBAULT,
Mme MADELEINE ROCH.

LE MALADE IMAGINAIRE
Comédie en 3 Actes de MOLIÈRE, interprétée par les Artistes de la COMÉDIE-FRANÇAISE

DISTRIBUTION

M. Diafoirus (médecin)............	MM. Lafon	Béline (seconde femme d'Argan)..........	Mme Fayolle
Thomas Diafoirus (son fils, et amant d'Angélique)	Granval	Angélique (fille d'Argan et amante de Cléante)	Bovy
M. Purgon (médecin d'Argan)............	Alexandre	Toinette (servante).................	Mlle De Chauveron
Cléante (amant d'Angélique)............	Guilhène	Louison (petite fille d'Argan).............	La petite Bourdin
Argan (malade imaginaire)..............	Bernard		
Béralde (frère d'Argan)................	Gerbault		
M. Fleurant (apothicaire).............	Falconnier		
M. de Bonnefoi (notaire)..............	Dufresne		

NOTA. — Les trois coups frappés comme au théâtre qui s'entendent dans l'enregistrement indiquent un changement de décor ou d'acte.

PREMIER ACTE

4674 ARGAN : *Trois et deux font cinq...*
ARGAN : *Soixante et trois livres quatre sols six deniers.* — M. BERNARD.

4675 ARGAN : *Si bien donc que, de ce mois...* — M. BERNARD.
TOINETTE : *Monsieur Fleurant nous donne des affaires...* — Mme BOVY, Mlle DE CHAUVERON.

4676 ANGÉLIQUE : *Toinette !*
ANGÉLIQUE : *Assurément, mon père...* — M. BERNARD, Mlle DE CHAUVERON.

4677 ARGAN : *Comment l'as-tu vu ?...* — M. BERNARD, Mme BOVY.
TOINETTE : *Il faut qu'il ait tué bien des gens pour s'être fait si riche!...* — Mlle DE CHAUVERON.

4678 ARGAN : *Huit mille livres de rente sont quelque chose...* — M. BERNARD, Mlle DE CHAUVERON, Mmes BOVY,
ARGAN : *Et il y a je ne sais combien que je vous dis de me la chasser...* — FAYOLLE.

PREMIER ACTE *(suite)*

4679 BÉLINE : *Mon Dieu ! mon fils...* — Mme FAYOLLE,
M. DE BONNEFOI : *Où de l'un d'eux lors du décès du premier mourant...* — MM. DUFRESNE, BERNARD, Mlle DE CHAUVERON.

4680 ARGAN : *Voilà une coutume bien impertinente...* — MM. BERNARD,
BÉLINE : *Allons, mon pauvre petit-fils...* — DUFRESNE, Mme FAYOLLE.

4681 TOINETTE : *Les voilà, avec un notaire...* — Mlle DE CHAUVERON, MM. GUILHÈNE,
TOINETTE : *De peur d'ébranler le cerveau de Monsieur...* — BERNARD, Mme BOVY.

4682 CLÉANTE : *Monsieur, je suis ravi de vous trouver debout...* — MM. BERNARD,
M. DIAFOIRUS : *Et non pour leur porter de l'incommodité...* — LAFON, Mlle DE CHAUVERON, Mme BOVY.

LE MALADE IMAGINAIRE (Suite).

DEUXIÈME ACTE

4683 Argan : *Je reçois, Monsieur..*
Argan : *De vous voir un garçon comme cela...*
MM. BERNARD,
LAFON,
GRANVAL,
GUILHÈNE,
Mlle DE CHAUVERON.

4684 M. Diafoirus : *Monsieur, ce n'est pas parce que je suis son père...*
Toinette : *Cela servira à parer notre chambre...*
MM. GRANVAL,
LAFON,
Mlle DE CHAUVERON,
Mme BOVY.

4685 Thomas Diafoirus : *Avec la permission aussi de Monsieur...*
Cléante : *Et le transport de son amour l'oblige à parler ainsi...*
MM. GRANVAL,
LAFON,
BERNARD,
GUILHÈNE,
Mlle DE CHAUVERON,
Mme BOVY.

4686 Cléante : *Hélas, belle Philis...*
Angélique : *Et ne point vouloir accepter une personne qui serait à lui par contrainte...*
MM. GUILHÈNE,
BERNARD,
GRANVAL,
LAFON,
Mlle DE CHAUVERON,
Mmes BOVY,
FAYOLLE.

4687 Thomas Diafoirus : *Nego consequentiam...*
Béline : *Qui fait hausser les épaules à tout le monde...*
MM. GRANVAL,
BERNARD,
Mme BOVY,
Mlle DE CHAUVERON,
Mme FAYOLLE.

4688 Angélique : *Tout cela, Madame, ne servira de rien...*
Louison : *Ah ! mon papa...*
Mme BOVY,
MM. BERNARD,
LAFON,
GRANVAL,
Mme FAYOLLE,
la petite BOURDIN.

DEUXIÈME ACTE (suite)

4689 Argan : *Ah ! Ah ! petite masque...*
Béralde : *Et cela vaudra bien une ordonnance de M. Purgon. Allons...*
MM. GERBAULT,
BERNARD,
la petite BOURDIN.

TROISIÈME ACTE

4690 Béralde : *Eh bien ! mon frère, qu'en dites-vous ?...*
Béralde : *De toutes les médecines qu'on vous a fait prendre...*
MM. GERBAULT,
BERNARD,
Mlle DE CHAUVERON.

4691 Argan : *Mais savez-vous, mon frère...*
Béralde : *Rien, mon frère...*
MM. BERNARD,
GERBAULT.

4692 Argan : *Rien ?...*
Béralde : *Il n'a justement de la force que pour porter son mal...*
MM. BERNARD,
GERBAULT.

4693 Argan : *Les sottes raisons que voilà !...*
Argan : *Faites-le venir, je m'en vais le prendre...*
MM. BERNARD,
GERBAULT,
FALCONNIER,
ALEXANDRE,
Mlle DE CHAUVERON.

4694 M. Purgon : *Je vous aurais tiré d'affaire avant qu'il fût peu...*
Argan : *Toutes ces maladies-là que je ne connais point, ces...*
MM. ALEXANDRE,
BERNARD,
GERBAULT,
Mlle DE CHAUVERON.

4695 Toinette : *Monsieur, agréez que je vienne vous rendre visite...*
Argan : *Des bontés que vous avez pour moi...*
Mlle DE CHAUVERON,
MM. BERNARD,
GERBAULT.

LE MALADE IMAGINAIRE (Suite).

TROISIÈME ACTE (suite)

4696 Toinette : *Donnez-moi votre pouls...*
Argan : *Vous savez que les malades ne reconduisent point...*
  Mlle DE CHAUVERON,
  M. BERNARD.

4697 Béralde : *Voilà un médecin, vraiment, qui paraît fort habile...*
Toinette : *Tenez, le voilà tout de son long dans cette chaise...*
  MM. GERBAULT,
  BERNARD,
  Mlle DE CHAUVERON,
  Mme FAYOLLE.

4698 Béline : *Le ciel en soit loué !*
  Mme FAYOLLE,
  MM. BERNARD,
  GERBAULT,
  GUILHÈNE,
  Mme BOVY
  Mlle DE CHAUVERON.

Angélique : *Pour vous témoigner mon ressentiment...*

TROISIÈME ACTE (suite)

4699 Argan : *Ah ! ma fille !...*
Angélique : *Oui, puisque mon oncle nous conduit...*
  M. BERNARD,
  Mme BOVY,
  MM. GUILHÈNE,
  GERBAULT,
  Mlle DE CHAUVÉRON.

INTERMÈDE

Cérémonie burlesque d'un homme qu'on fait médecin
(Version de la Comédie-Française)

4700 *Savantissimi doctores.*
In nostro docto corpore.
  Intermède par tous les Artistes qui tiennent les différents rôles.

4701 *Super illas maladias.*
In nostro docto corpore.
  Intermède par tous les Artistes qui tiennent les différents rôles.

FRAGMENTS

OPÉRAS, OPÉRAS COMIQUES, OPÉRETTES

(AVEC ACCOMPAGNEMENT D'ORCHESTRE)

CHANT

Opéras et Opéras Comiques

(AVEC ACCOMPAGNEMENT D'ORCHESTRE).

Aben-Hamet (Th. Dubois)

2000 Air d'Aben-Hamet (*Reine, toi qu'Hamet salue*). M. ALBERS.
2001 Air d'Aben-Hamet (*Reine, toi qu'Hamet salue*). M. NOTÉ.

L'Africaine (Meyerbeer)

2002 Air de Vasco de Gama (Acc^t piano). M. ALBERT ALVAREZ.
2003 Air de Vasco de Gama. M. VAGUET.
2004 Air du sommeil. Mme MATHILDE COMÈS.
2005 Ballade de Nélusko. M. NOTÉ.
2009 Chœur des matelots. Soli par : MM. DE POUMAYRAC, NANSEN, DANGÈS et BELHOMME.
2006 Fille des Rois. M. NOTÉ.
2008 O ma Sélika (DUO). Mme MATHILDE COMÈS.
2007 Scène du Mancenillier. Mme MATHILDE COMÈS.

2010 Grand air.
2012 Je te revois enfin (DUO).
2013 Mourir ô toi si belle (DUO).
2011 O céleste Aïda.
2014 Tu verras cette terre (DUO).

2015 Ah ! mes fidèles.

2016 Depuis l'instant

2017 Ah ! le cruel.

Aïda (Verdi)

Mme MARIE LAFARGUE.
Mlle JANE MARIGNAN et M. AFFRE.
Mlle JANE MARIGNAN et M. AFFRE.
M. AFFRE.
Mlle JANE MARIGNAN et M. ALBERS.

L'Aigle (Nouguès)

M. ALBERS.

L'Ame en peine (Flotow)

M. GHASNE.

Ariane (Massenet)

Mlle MÉRENTIÉ.

2018 Marche des Rois (CHŒUR).

L'Arlésienne (BIZET)
Soli par : MM. DAVID DEVRIÈS, NANSEN, DANGÈS, BELHOMME.

Ascanio (SAINT-SAENS)
2019 Arioso de Benvenuto.   M. ALBERS.

Astarté (X. LEROUX)
2020 Les Adieux d'Hercule.   M. AFFRE.

L'Attaque du Moulin (BRUNEAU)
2021 Les Adieux à la forêt.   M. AFFRE.
2022 Air de la sentinelle.   M. NUIBO.
2023 Berceuse.   M. ALBERS.
2024 Imprécations à la guerre.   Mme DELNA.

Le Bal Masqué (VERDI)
2025 Ah ! c'est Dieu qui vous inspire (*Cantabile*).   M. NOTÉ.
2026 Et c'est toi.   M. NOTÉ.

Le Barbier de Séville (ROSSINI)
2027 Air de Figaro.   M. VIGNEAU.
2028 Air de la calomnie.   M. BELHOMME.
2029 Air de la calomnie.   M. DUPRÉ.
2030 Air de Rosine.   Mlle KORSOFF.
2031 Air de Rosine (ACC^t PIANO).   Mme JANE MÉREY.
2032 Des rayons de l'aurore.   M. VAGUET.
2033 Variations de Proch (Proch) (ACC^t PIANO).   Mme JANE MÉREY.
2034 Variations de Proch (Proch) (ACC^t PIANO) (*suite*).   Mme JANE MÉREY.
2035 Variations de Proch (Proch).   Mme MIRANDA.

Benvenuto Cellini (DIAZ)
2036 De l'art, splendeur immortelle.   M. ALBERS.

La Bohême (PUCCINI)
2037 Eh bien ! voilà, je suis poète.   M. DAVID DEVRIÈS.
2038 Eh bien ! voilà, je suis poète.   M. NUIBO.
2039 On m'appelle Mimi (ACC^t PIANO).   Mme JANE MÉREY.

Le Caïd (A. THOMAS)
2040 Air du Tambour-Major.   M. BELHOMME.
2041 La Diane.   M. BELHOMME.

Le Carillonneur de Bruges (GRISAR)
2042 Sonnez, sonnez !   M. GHASNE.

Carmen (G. Bizet)

2097 Air du Toréador (Acc^t piano). M. RENAUD.
2098 Air du Toréador. M. VIGNEAU.
2099 L'Amour est enfant de Bohême (Acc^t piano). Mme DELNA.
2100 La Fleur que tu m'avais jetée (Acc^t piano). M. ALBERT ALVAREZ.
2101 La Fleur que tu m'avais jetée. M. VAGUET.
2900 La Fleur que tu m'avais jetée. M. BEYLE.

Cavalleria Rusticana (Mascagni)

2102 Brindisi (Acc^t piano). M. MURATORE.
2103 Romance de Santuza. Mme DELNA.
2104 Sicilienne. M. LÉON BEYLE.
2105 Sicilienne. M. VAGUET.

Le Chalet (Adam)

2106 Dans le service de l'Autriche. M. BELHOMME.
2107 Vallons de l'Helvétie. M. BELHOMME.
2108 Il faut me céder ta maîtresse (DUO). MM. BELHOMME et BERTHAUD.
2109 Il faut me céder ta maîtresse (DUO) (suite). MM. BELHOMME et BERTHAUD.

Charles VI (Halévy)

2110 Avec la douce chansonnette. M. ALBERS.
2111 C'est grand'pitié. M. ALBERS.

Le Chemineau (X. Leroux)

2112 Chanson du moissonneur. M. ALBERS.

Le Cid (Massenet)

2113 C'est vous que l'on bénit. M. NOTÉ.
2114 Pleurez, mes yeux (Air de Chimène). Mlle MÉRENTIÉ.
2115 Prière. M. VAGUET.
2116 O jours de ma première tendresse (DUO). Mme MATHILDE COMÈS et M. AFFRE.

Cinq-Mars (Gounod)

2117 Sur le flot qui vous entraîne (Cantabile). M. ALBERS.

La Cloche du Rhin (S. Rousseau)

2118 Ervine, écoute-moi. M. VAGUET.

Les Contes d'Hoffmann (Offenbach)

2119 Scintille, diamant (Air de Dapertutto). M. ALBERS.
2120 Chœur des étudiants. Soli par : MM. DAVID DEVRIÈS, NANSEN, DANGÈS et BELHOMME.

La Coupe du Roi de Thulé (Diaz)

2121 Il est venu (Grand air). M. ALBERS.

La Damnation de Faust (Berlioz)

2122	Air de Faust.	M. VAGUET.
2431	Invocation à la nature.	M. DUTREIX.
2123	Invocation à la nature.	M. ROUSSELIÈRE.
2124	Invocation à la nature.	M. VAGUET.
2125	Sérénade de Méphisto.	M. ALBERS.
2126	Voici des roses.	M. ALBERS.
2127	Voici des roses (Acc^t PIANO).	M. RENAUD.

Les Diamants de la Couronne (Auber)

2128	Ah ! je veux briser ma chaîne.	Mme MORLET.

Le Domino noir (Auber)

2130	Deo Gratias.	M. BELHOMME.
2131	La Belle Inès fait florès (*Aragonaise*).	Mme MORLET.
2132	Qui je suis ? (Acc^t PIANO).	Mlle MERGUILLER.

Don Juan (Mozart)

2133	Air d'Ottavio.	M. VAGUET.
2134	Sérénade.	M. ALBERS.
2782	Sérénade.	M. VAGUET.

Les Dragons de Villars (Maillart)

2137	Ah ! si j'étais dragon du roi (DUO).	Mlle JANE MARIGNAN et M. VIGNEAU.
2138	Moi, jolie ! (DUO).	Mlle JANE MARIGNAN et M. VAGUET.
2135	Ne parle pas.	M. AFFRE.
2136	Ne parle pas.	M. GAUTIER.

L'Étoile du Nord (Meyerbeer)

2139	Pour fuir son souvenir (Acc^t PIANO).	M. GRESSE.

Le Farfadet (Adam)

2140	On dirait que tout sommeille.	M. GHASNE.

Faust (Gounod)

2141	Air des bijoux (Acc^t PIANO).	Mme JANE MÉREY.
2142	Ballade du Roi de Thulé.	Mlle MÉRENTIÉ.
2143	Ballade du Roi de Thulé.	Mme MARIE LAFARGUE.
2162	Chœur de la kermesse.	Soli par : MM. DAVID DEVRIÈS, NANSEN, DANGÈS et BELHOMME.
2163	Chœur des soldats.	Soli par : MM. DAVID DEVRIÈS, NANSEN, DANGÈS et BELHOMME.
2164	Choral des épées.	Soli par : MM. DAVID DEVRIÈS, NANSEN, DANGÈS et BELHOMME.

Faust (GOUNOD)

N°	Titre	Interprète
2144	Couplets de Siébel.	Mlle MARGUERITE D'ELTY.
2157	Entrée de Méphisto (DUO).	MM. VAGUET et BELHOMME.
2158	Entrée de Méphisto (DUO) (SUITE).	MM. VAGUET et BELHOMME.
2145	Invocation.	M. NOTÉ.
2159	Laisse-moi contempler ton visage (DUO).	Mme ALINE VALLANDRI et M. VAGUET.
2146	Mort de Valentin.	M. NOTÉ.
2147	Mort de Valentin.	M. VIGNEAU.
2148	Ronde du Veau d'Or.	M. BELHOMME.
2149	Salut, demeure chaste et pure (ACC^t PIANO).	M. ALBERT ALVAREZ.
2150	Salut, demeure chaste et pure (ACC^t PIANO).	M. LÉON BEYLE.
2151	Salut, demeure chaste et pure.	M. ROUSSELIÈRE.
2152	Salut, ô mon dernier matin.	M. AFFRE.
2153	Salut, ô mon dernier matin (ACC^t PIANO).	M. ALBERT ALVAREZ.
2154	Scène de l'église.	M. ALBERS.
2155	Scène de l'église (ACC^t PIANO).	M. DELMAS.
2160	Trio du duel.	MM. VAGUET, DANGÈS et BELHOMME.
2161	Trio final.	Mme ALINE VALLANDRI, MM. VAGUET et BELHOMME.
2156	Vous qui faites l'endormie (*Sérénade*).	M. BELHOMME.

La Favorite (DONIZETTI)

N°	Titre	Interprète
2214	Adieu, je dois fuir (DUO).	Mme MATHILDE COMÈS.
2207	Ange si pur.	M. AFFRE.
2208	Ange si pur.	M. VAGUET.
2841	Duo du Ier acte (ACC^t PIANO).	MM. VAGUET et GRESSE.
2215	Duo du IVe acte (ACC^t PIANO).	Mme DELNA et M. ALBERT ALVAREZ.
2209	Jardins de l'Alcazar.	M. NOTÉ.
2210	Léonor, viens ! (ACC^t PIANO).	M. RENAUD.
2211	O mon Fernand.	Mme DELNA.
2212	Pour tant d'amour.	M. DANGÈS.
2213	Un ange, une femme inconnue.	M. VAGUET.

La Fille de Roland (RABAUD)

N°	Titre	Interprète
2216	Chanson des épées (ACC^t PIANO).	M. LÉON BEYLE.

La Fille du Régiment (DONIZETTI)

N°	Titre	Interprète
2217	Couplets du 21e (ACC^t PIANO).	Mme JANE MÉREY.
2218	Il faut partir.	Mme MARIE THIÉRY.
2221	La voilà ! la voilà ! (DUO).	Mlle KORSOFF et M. BELHOMME.
2219	Oh ! transport, douce ivresse.	Mlle KORSOFF.
2220	Salut à la France (ACC^t PIANO).	Mme JANE MÉREY.

La Flûte enchantée (MOZART)

N°	Titre	Interprète
2222	Air de Pamina (ACC^t PIANO).	Mme JANE MÉREY.
2225	Chœur des prêtres. Soli par :	MM. de POUMAYRAC, NANSEN, DANGÈS et BELHOMME.
2223	Jamais, dans son rêve, un poète.	M. VAGUET.
2224	Ton cœur m'attend (DUO).	Mlle JANE MARIGNAN et M. BELHOMME.

Fortunio (Messager)

2226 La maison grise. — M. VAGUET.
2227 Si vous croyez que je vais dire. — M. VAGUET.

Le Freischütz (Weber)

2228 Scène et air de Max (1re PARTIE). — M. VAGUET.
2229 Scène et air de Max (2e PARTIE). — M. VAGUET.

Galathée (V. Massé)

2260 Air de la coupe (ACCt PIANO). — Mlle MERGUILLER.
2262 Tristes amours. — M. DUPRÉ.

Grisélidis (Massenet)

2263 Chanson d'Alain (ACCt PIANO). — M. LÉON BEYLE.
2264 Chanson d'Alain. — M. VAGUET.
2265 Il partit au printemps. — Mme ALINE VALLANDRI.
2266 Prière. — Mlle MARY BOYER.

Guillaume Tell (Rossini)

2267 Accours dans ma nacelle. — M. NUIBO.
2268 Asile héréditaire. — M. AFFRE.
2269 Asile héréditaire. — M. ALBANI.
2273 O Mathilde (DUO). — MM. AFFRE et ALBERS.
2270 Prière (Sois immobile). — M. ALBERS.
2271 Prière (Sois immobile). — M. NOTÉ.
2274 Ses jours (TRIO). — MM. AFFRE, ALBERS et BELHOMME.
2272 Sombres forêts. — Mlle MARGUERITE CHARPANTIER.

Hamlet (A. Thomas)

2275 Air de la folie. — Mme X...
2276 Chanson bachique. — M. ALBERS.
2277 Comme une pâle fleur. — M. NOTÉ.
2278 Spectre infernal. — M. DANGÈS.

Haydée (Auber)

2280 A la voix séduisante. — M. BELHOMME.
2279 Ah ! que la nuit est belle. — M. VAGUET.

Henri VIII (Saint-Saens)

2281 Qui donc commande ! — M. NOTÉ.

Hérodiade (Massenet)

2282 Air de Jean. — M. VAGUET.
2283 Air de Salomé. — Mme MATHILDE COMÈS.
2284 Grand air de Phanuel. — M. BAER.
2285 Vision fugitive. — M. NOTÉ.
2286 Vision fugitive. — M. VIGNEAU.

Les Huguenots (Meyerbeer)

2287 Bénédiction des poignards (ACCt PIANO). — M. DELMAS.
2288 Bénédiction des poignards. — M. DUPRÉ.
2289 Bénédiction des poignards (ACCt PIANO). — M. GRESSE.
2290 Cavatine du page. — Mlle MARGUERITE D'ELTY.
2291 Choral de Luther. — M. AUMONIER.

		LES HUGUENOTS (suite)			Joseph (Méhul)
2298	Couplets militaires (CHŒUR). Soli par :	MM. DAVID DEVRIÈS, NANSEN, DANGÈS et BELHOMME.	2305	A peine au sortir de l'enfance.	M. VAGUET.
2297	Grand duo du IVe acte.	Mme MATHILDE COMÈS et M. AFFRE.	2306	Vainement Pharaon.	M. VAGUET.
2292	O beau pays de la Touraine (ACCt PIANO).				La Juive (Halévy)
2293	O beau pays de la Touraine.	Mlle CHAMBELLAN. Mme X...	2307	Air de Rachel.	Mme MATHILDE COMÈS.
2294	Pif ! Paf !	M. AUMONIER.	2308	Dieu que ma voix tremblante.	M. AFFRE.
2295	Plus blanche que la blanche hermine.	M. AFFRE.	2309	Dieu que ma voix tremblante.	M. GAUTIER.
2296	Plus blanche que la blanche hermine.	M. ALBANI.	2310	Rachel, quand du Seigneur.	M. AFFRE.
			2311	Rachel, quand du Seigneur.	M. ALBANI.
		Jocelyn (B. Godard)	2837	Rachel, quand du Seigneur (ACCt PIANO).	M. VAGUET.
2299	Berceuse.	M. VAGUET.	2312	Si la rigueur (Cavatine).	M. AUMONIER.
			2313	Vous qui du Dieu vivant (Malédiction).	M. AUMONIER.
		La Joconde (Nicolo)			Lakmé (Léo Delibes)
2300	Dans un délire extrême.	M. BOUVET.	2314	Air des clochettes.	Mme MIRANDA.
			2315	Air des clochettes.	Mme ALINE VALLANDRI.
		La Jolie Fille de Perth (Bizet)	2316	Dans la forêt (ACCt PIANO).	Mme JANE MÉREY.
2802	Chœur de la forge. Soli par :	MM. de POUMAYRAC, NANSEN, DANGÈS et BELHOMME.	2317	O divin mensonge.	M. NUIBO.
			2318	Pourquoi dans les grands bois.	Mme ALINE VALLANDRI.
2301	Quand la flamme de l'amour.	M. DUPRÉ.	2319	Ton doux regard se voile (Stances).	M. DUPRÉ.
			2320	Tu m'as donné le plus doux rêve (ACCt PIANO).	Mme JANE MÉREY.
		Le Jongleur de Notre-Dame (Massenet)			Lalla Roukh (F. David)
2303	Légende de la sauge.	M. DANGÈS.	2321	Ma Maîtresse a quitté la tente	M. VAGUET.
2804	Tu seras pardonné.	M. DUPRÉ.			

Lohengrin (R. Wagner)

2322	Exhortation à Elsa (Ma confiance en toi s'est bien montrée).	M. VAGUET.
2323	Mon cygne aimé.	M. AFFRE.
2324	Récit du Graal.	M. AFFRE.
2325	Récit du Graal.	M. VAGUET.

Louise (G. Charpentier)

2327	Depuis le jour où je me suis donnée.	Mme MORLET.
2328	Depuis le jour où je me suis donnée.	Mme ALINE VALLANDRI.

Lucie de Lammermoor (Donizetti)

2329	Air de la folie.	Mlle CHAMBELLAN.
2330	D'un amour qui me brave.	M. ALBERS.
2331	D'un amour qui me brave.	M. NOTÉ.
2332	O bel ange.	M. AFFRE.
2333	Souviens-toi qu'en ce domaine (DUO).	MM. AFFRE et ALBERS.

Le Maitre de Chapelle (Paer)

2334	Ah ! quel plaisir de pressentir sa gloire.	M. BOYER.

Maitre Pathelin (Bazin)

2335	Je pense à vous.	M. VAGUET.

Manon (Massenet)

2336	A nous les amours et les roses (ACC^t PIANO).	Mme JANE MÉREY.
2337	A quoi bon l'économie.	M. BOYER.
2338	Adieu notre petite table (ACC^t PIANO).	Mme JANE MÉREY.
2339	Adieu notre petite table.	Mme MARIE THIÉRY.
2340	Ah ! fuyez, douce image.	M. LÉON BEYLE.
2341	Ah ! fuyez, douce image.	M. NUIBO.
2342	Air de la séduction (ACC^t PIANO).	Mme JANE MÉREY.
2350	Duo de la lettre (ACC^t PIANO).	Mme Marguerite CARRÉ et M. LÉON BEYLE.
2351	Duo de la rencontre (ACC^t PIANO).	Mme Marguerite CARRÉ et M. LÉON BEYLE.
2352	Duo de la lettre.	Mme ALINE VALLANDRI et M. VAGUET.
2353	Duo de la rencontre.	Mme ALINE VALLANDRI et M. VAGUET.
2904	Duo de la lettre.	Mme VALLIN-PARDO et M. BEYLE.
2905	Duo de la rencontre (1re partie).	Mme VALLIN-PARDO et M. BEYLE.
2906	Duo de la rencontre (2e partie).	Mme VALLIN-PARDO et M. BEYLE.
2343	Épouse quelque brave fille.	M. BAER.
2344	Épouse quelque brave fille.	M. DANGÈS.
2345	Je marche sur tous les chemins (ACC^t PIANO).	Mme JANE MÉREY.
2346	Je suis encore tout étourdie (ACC^t PIANO).	Mme JANE MÉREY.
2348	Le Rêve de Des Grieux	M. LÉON BEYLE.
2349	Le Rêve de Des Grieux	M. VAGUET.

Marie-Magdeleine (MASSENET)

2354 Air du IIIe acte (*O bien aimé*). — Mlle MÉRENTIÉ.
2355 Prière (CHŒUR). Soli par : MM. de POUMAYRAC, NANSEN, DANGÈS et BELHOMME.

Martha (FLOTOW)

2356 Air des larmes. — M. ALBERT ALVAREZ.
2357 Air des larmes. — M. VAGUET.

Méphistophélès (BOITO)

2358 Romance de Faust (Ier acte). — M. AFFRE.
2359 Romance de Faust (IVe acte). — M. AFFRE.

Messaline (I. DE LARA)

2360 O nuit d'amour. — M. ALBERS.
2361 Viens aimer. — M. GHASNE.

Miarka (A. GEORGES)

2362 Cantique d'amour. — M. VAGUET.
2363 Hymne au soleil. — Mme DELNA.

Mignon (A. THOMAS)

2364 Adieu, Mignon, courage. — M. LÉON BEYLE.
2365 Adieu, Mignon, courage. — M. VAGUET.
2366 Air de Titania. — Mlle MARGUERITE CHARPANTIER.
2367 Berceuse. — M. BELHOMME.
2368 Connais-tu le pays ? — Mlle MÉRENTIÉ.

MIGNON (*suite*)

2371 Duo des hirondelles. — Mme ALINE VALLANDRI et M. BELHOMME.
2369 Elle ne croyait pas. — M. GAUTIER.
2370 Elle ne croyait pas. — M. VAGUET.

Mireille (GOUNOD)

2901 Anges du Paradis. — M. BEYLE.
2373 Anges du Paradis. — M. VAGUET.
2374 Heureux petit berger. — Mme MORLET.
2375 Heureux petit berger. — Mme MARIE THIÉRY.
2376 Mon cœur est plein d'un noir souci. — M. NUIBO.
2379 O Magali (DUO). — Mme ALINE VALLANDRI et M. VAGUET.
2907 O Magali (DUO). — Mme VALLIN-PARDO et M. BEYLE.
2377 Si les filles (*Couplets*). — M. NOTÉ.
2378 Valse chantée. — Mme ALINE VALLANDRI.
2380 Vincenette à votre âge (DUO). — Mme ALINE VALLANDRI et M. VAGUET.

Mourette (PONS)

2381 Des sourires d'enfant. — M. ALBERS.

Les Mousquetaires de la Reine (HALÉVY)

2382 Romance. — M. VAGUET.

La Muette de Portici (AUBER)

2383 Amour sacré de la Patrie (DUO). — MM. ALBERS et VAGUET.

Néron (Rubinstein)

2384 Hymen ! Hymen !
    (*Épithalame*).   M. NOTÉ.

Les Noces de Figaro (Mozart)

2385 Romance du IIe acte.   Mme FELTESSE-OSCOMBRE.

Les Noces de Jeannette (V. Massé)

2386 Air du rossignol.   Mlle MARGUERITE CHARPANTIER.
2391 Allons, je veux qu'on s'associe (DUO).   Mlle JANE MARIGNAN et M. VIGNEAU.
2387 Cours, mon aiguille.   Mlle MARY BOYER.
2388 Enfin, me voilà seul.   M. BOYER.
2389 Margot, lève ton sabot.   M. BOYER.
2390 Parmi tant d'amoureux.   Mlle MARGUERITE CHARPANTIER.

Les Nuits Persanes (Saint-Saens)

2392 Air du cimetière.   M. VAGUET.
2393 Air du sabre.   M. VAGUET.

Obéron (Weber)

2394 Barcarolle (*Strophe de la "fille des eaux"*).   Mme FELTESSE-OSCOMBRE.

L'Ombre (Flotow)

2395 Couplets de midi, minuit.   M. VIGNEAU.
2396 Quand je monte cocotte.   M. SOULACROIX.

Orphée (Gluck)

2397 J'ai perdu mon Eurydice.   Mme DELNA.

Otello (Verdi)

2398 Credo de Iago.   M. ALBERS.
2399 Tout m'abandonne   M. ALBANI.

Paillasse (Leoncavallo)

2400 Pauvre Paillasse (ACC^t PIANO).   M. ALBERT ALVAREZ.
2401 Pauvre Paillasse.   M. VAGUET.
2402 Prologue.   M. ALBERS.

Le Pardon de Ploërmel (Meyerbeer)

2403 Ah ! mon remords te venge.   M. VIGNEAU.
2404 Air du chasseur.   M. BELHOMME.
2405 O puissante, puissante magie (*Grand air*).   M. ALBERS.
2406 Enfin, l'heure est venue (*Grand air*) (SUITE).   M. ALBERS.
2407 Valse de l'ombre.   Mme MIRANDA.

Patrie (Paladilhe)

2408 Air de Rysoor (*C'est ici*).   M. NOTÉ.
2409 Air du sonneur.   M. BELHOMME.
2410 Madrigal.   M. VAGUET.
2411 Pauvre martyr obscur.   M. ALBERS.
2412 Pauvre martyr obscur (ACC^t PIANO).   M. DELMAS.

Paul et Virginie (V. Massé)

2413	L'oiseau s'envole (ACC¹ PIANO).	M. SOULACROIX.
2414	Pardonnez-lui !	Mme MORLET.
2415	Par quel charme, dis-moi ?	M. VAGUET.

Les Pêcheurs de Perles (Bizet)

2416	Cavatine de Leïla.	Mme MORLET.

La Perle du Brésil (F. David)

2417	Air du mysoli.	Mlle KORSOFF.

Philémon et Baucis (Gounod)

2418	Ah ! si je redevenais belle.	Mme MORLET.
2419	Air de Vulcain.	M. BAER.
2420	Air de Vulcain.	M. BELHOMME.
2421	O riante nature (ACC¹ PIANO).	Mme JANE MÉREY.
2422	Que les songes heureux.	M. BOUVET.

Le Postillon de Longjumeau (Adam)

2424	Air bouffe.	M. BELHOMME.

Le Pré aux Clercs (Hérold)

2425	Jours de mon enfance *(avec solo de violon par M. Leuntjens).*	Mlle MARGUERITE CHARPANTIER.
2426	Jours de mon enfance.	Mme MORLET.
2427	Les Rendez-vous (DUO).	Mlle JANE MARIGNAN et M. BELHOMME.

Le Prophète (Meyerbeer)

2428	Ah ! mon fils.	Mlle LAPEYRETTE.
2429	Ah ! mon fils (ACC¹ PIANO).	Mme DELNA.
2432	Duo du Vᵉ acte (ACC¹ PIANO).	Mme DELNA et M. ALBERT ALVAREZ.
2480	Pour Bertha, moi je soupire.	M. AFFRE.

La Reine de Saba (Gounod)

2433	Inspirez-moi, race divine.	M. AFFRE.
2434	Sous les pieds d'une femme.	M. AUMONIER.

Richard Cœur de Lion (Grétry)

2435	O Richard, ô mon Roi.	M. VIGNEAU.

Rigoletto (Verdi)

2466	Air de Gilda.	Mme X...
2467	Comme la plume au vent.	M. ALBANI.
2468	Comme la plume au vent.	M. VAGUET.
2469	Courtisans, race vile et damnée.	M. ALBERS.
2470	Qu'une belle pour quelques instants.	M. VAGUET.
2471	Quatuor.	Mmes JANE MARIGNAN, BERIZA, MM. ALBERS et VAGUET.

Robert le Diable (MEYERBEER)

2476	Chœur des moines. Soli par :	MM. de POUMAYRAC, NANSEN, DANGÈS et BELHOMME.
2473	Évocation des nonnes.	M. AUMONIER.
2474	Évocation des nonnes.	M. BAER.
2475	Robert, Robert, toi que j'aime.	Mlle MARGUERITE CHARPANTIER.

Robin des Bois (WEBER)

2478	Chœur des chasseurs. Soli par :	MM. DAVID DEVRIÈS, NANSEN, DANGÈS et BELHOMME.

Le Roi d'Ys (E. LALO)

2482	A l'autel, j'allais rayonnant (DUO) (ACCt PIANO).	Mme MARGUERITE CARRÉ et M. LÉON BEYLE. Mme ALINE VALLANDRI.
2479	Air de Rozenn.	
2480	Vainement ma bien-aimée (Aubade).	M. ROUSSELIÈRE.
2481	Vainement ma bien-aimée (Aubade).	M. VAGUET.

Le Roi de Lahore (MASSENET)

2483	Promesse de mon avenir.	M. ALBERS.
2484	Promesse de mon avenir (ACCt PIANO).	M. RENAUD.

Rois de Paris (G. HÜE)

2485	Chanson de Longnac	M. NOTÉ

Roméo et Juliette (GOUNOD)

2486	Ah ! lève-toi soleil.	M. VAGUET.
2487	Air du page.	Mlle MARGUERITE D'ELTY.
2488	Ballade de la Reine Mab.	M. NOTÉ.
2489	Bénédiction.	M. BAER.
2490	Invocation.	M. AUMONIER.
2493	Madrigal (DUO).	Mme ALINE VALLANDRI et M. VAGUET.
2494	Nuit d'hyménée (DUO).	Mme ALINE VALLANDRI et M. VAGUET.
2491	Salut ! tombeau.	M. MURATORE.
2492	Valse chantée.	Mme X...

Les Saisons (V. MASSÉ)

2495	Chanson du blé (ACCt PIANO).	M. GRESSE.

Salammbô (REYER)

2496	Les Colombes.	Mlle MÉRENTIÉ.

Samson et Dalila (SAINT-SAENS)

2497	Cantabile (extrait du duo "Mon cœur s'ouvre à ta voix").	Mme DELNA.
2498	Cantabile (extrait du duo "Mon cœur s'ouvre à ta voix").	Mlle LAPEYRETTE.
2499	Cantabile (extrait du duo "Mon cœur s'ouvre à ta voix").	Mlle MÉRENTIÉ.
2500	Maudite à jamais soit la race.	M. ALBERS.

Sapho (MASSENET)

2501	Pendant un an, je fus ta femme (ACCt PIANO).	Mlle MERGUILLER.

Si j'étais Roi (ADAM)

2502	Dans le sommeil (ACC^t PIANO).	M. SOULACROIX.
2503	J'ignorais son nom.	M. VAGUET.
2902	J'ignorais son nom.	M. BEYLE.

Sigurd (REYER)

2509	Duo de la fontaine (IVe acte).	Mme MATHILDE COMÈS et M. AFFRE.
2504	Entrée de Sigurd.	M. ALBANI.
2505	Esprits gardiens.	M. VAGUET.
2838	Esprits gardiens.	M. DUTREIX.
2506	Et toi, Freia.	M. ALBERS.
2507	Et toi, Freia (ACC^t PIANO).	M. RENAUD.
2508	Un souvenir poignant.	M. AFFRE.

Solange (G. SALVAYRE)

2510	Combien j'ai douce souvenance.	Mme ALINE VALLANDRI.

Le Songe d'une Nuit d'Été (A. THOMAS)

2511	Allons, que tout s'apprête (ACC^t PIANO).	M. GRESSE.
2512	Chanson de Falstaff.	M. BELHOMME.
2515	Chœur des gardes-chasse. Soli par :	MM. DAVID DEVRIÈS, NANSEN, DANGÈS et BELHOMME.
2513	Le voir ainsi (Cavatine).	Mme MORLET.
2514	Stances.	M. VAGUET.

Le Tannhäuser (R. WAGNER)

2520	Chœurs des pèlerins. Soli par :	MM. DAVID, DEVRIÈS, NANSEN, DANGÈS et BELHOMME.
2516	En contemplant cette assemblée (1er chant de Wolfram).	M. NOTÉ.
2517	Concours des chanteurs. (2e chant de Wolfram).	M. NOTÉ.
2518	Prière d'Élisabeth.	Mlle MÉRENTIÉ.
2519	Romance de l'étoile.	M. NOTÉ.

2521	Air d'Alexandrie.	M. DANGÈS.
2522	L'Amour est une vertu rare (ACC^t PIANO).	Mme JANE MÉREY.
2523	Dis-moi que je suis belle (ACC^t PIANO).	Mme JANE MÉREY.

2524	Le Danger s'accroît.	M. ALBERS.
2525	O Thérèse, regarde dans cette eau...	M. ALBERS.

LE TANNHAUSER (suite)

Thaïs (MASSENET)

Thérèse (MASSENET)

Le Timbre d'Argent (SAINT-SAENS)

2526	De Naples à Florence (ACC^t PIANO).	M. SOULACROIX.

La Tosca (PUCCINI)

2903	Le Ciel luisait d'étoiles.	M. BEYLE.
2527	Le Ciel luisait d'étoiles.	M. MURATORE.
2528	Le Ciel luisait d'étoiles.	M. VAGUET.
2529	Prière.	Mlle MÉRENTIÉ.
2530	Si pour de beaux yeux (Solo de Scarpia).	M. ALBERS.

La Traviata (VERDI)

2531 Air de la Traviata.	Mme ALINE VALLANDRI.
2532 Brindisi (ACC^t PIANO).	Mme JANE MÉREY.
2533 Lorsqu'à de folles amours.	M. DANGÈS.
2534 Lorsqu'à de folles amours.	M. NOTÉ.
2535 Pour jamais la destinée.	Mme MIRANDA.

Le Trouvère (VERDI)

2580 Exilé sur la terre (*Romance*).	M. AFFRE.
2581 Scène du Miserere.	Mme ALINE VALLANDRI, M. VAGUET et CHŒURS.

Le Vaisseau Fantôme (R. WAGNER)

2582 Du temps passé.	M. ALBERS.
2583 Un seul espoir.	M. ALBERS.

La Vivandière (B. GODARD)

2584 Hymne à la liberté.	Mme DELNA.
2585 Viens avec nous, petit (ACC^t PIANO).	Mme DELNA

Le Voyage en Chine (BAZIN)

2586 Chœur du cidre. Soli par :	MM. DAVID, DEVRIÈS, GILLY, DANGÈS, et BELHOMME.

Werther (MASSENET)

2587 Air des larmes.	Mlle MÉRENTIÉ.
2588 Air des lettres.	Mme DELNA.
2589 Invocation à la nature.	M. VAGUET.
2889 Invocation à la nature.	M. DUTREIX.
2590 J'aurais sur ma poitrine.	M. MURATORE.
2591 Pourquoi me réveiller ?	M. ALBANI.
2592 Pourquoi me réveiller ?	M. VAGUET.
2593 Un autre est son époux.	M. DAVID DEVRIÈS.

Zampa (HÉROLD)

2597 Chœur des corsaires. Soli par :	MM. DE POUMAYRAC, NANSEN, DANGÈS et BELHOMME.
2594 Douce jouvencelle (ACC^t PIANO).	M. SOULACROIX.
2598 Prière (CHŒUR). Soli par :	MM. DAVID DEVRIÈS, DANGÈS et BELHOMME.
2595 Que la vague écumante (ACC^t PIANO).	M. SOULACROIX.
2596 Toi, dont la grâce séduisante (ACC^t PIANO). 	M. SOULACROIX.

OPÉRETTES

(AVEC ACCOMPAGNEMENT D'ORCHESTRE)

L'Amour Tzigane (F. Lehar)

2846 Pourquoi cet air consterné (Couplets d'Arany) (Ier acte). — Mlle ROSALIA LAMBRECHT.
2847 Valse des roses. — Mlle ROSALIA LAMBRECHT.
2848 Enfant timide (Lied) (IIe acte). — Mlle ROSALIA LAMBRECHT.

Barbe Bleue (Offenbach)

2600 Couplets de la boulotte. — Mlle LÉO DEMOULIN.

La Belle Hélène (Offenbach)

2601 Duo du rêve. — Mlle LÉO DEMOULIN et M. BERTHAUD.

Le Billet de Joséphine (A. Kaiser)

2602 Éclat de rire. — Mlle ROSALIA LAMBRECHT.

Boccace (Suppé)

2603 Couplets du jardinier. — Mlle LÉO DEMOULIN.

La Cigale et la Fourmi (Audran)

2605 Duetto et couplets de l'oiselet. — Mlle ROSALIA LAMBRECHT. et M. CLERGUE.
2604 Ma mère, j'entends le violon. — Mlle ROSALIA LAMBRECHT.

Les Cloches de Corneville (Planquette)

2606 Chanson des cloches. — Mlle MARGUERITE D'ELTY.
2612 Chanson et chœur du IIIe acte. Soli par : MM. DE POUMAYRAC, NANSEN, DANGÈS et BELHOMME.
2607 Couplets de Germaine. — Mlle MARGUERITE D'ELTY.
2608 J'ai fait trois fois. — M. RIGAUX.
2609 Je regardais en l'air. — M. VAGUET.
2610 Va, petit mousse. — M. VAGUET.

Le Cœur et la Main (Lecocq)

2613 L'Adjudant et sa monture. — M. BOYER.
2614 Romance et duo. — Mlle ROSALIA LAMBRECHT et M. DELVOYE.

La Femme à Papa (Hervé)

2615 Couplets du champagne. — Mlle ROSALIA LAMBRECHT.

La Fille de Madame Angot (Lecocq)

2622 Chœur des conspirateurs. Soli par : MM. DAVID DEVRIÈS, NANSEN, DANGÈS et BELHOMME.
2621 Duo de Clairette et Pitou. — Mlle LÉO DEMOULIN et M. BERTHAUD.
2620 Duetto du IIe acte. — Mlle ROSALIA LAMBRECHT et M. CLERGUE.

La Fille de Madame Angot (Lecocq) *(suite)*

2616 Elle est tellement innocente.   M. VAGUET.
2617 Je vous dois tout.   Mme EDMÉE FAVART.
2618 Marchande de marée.   Mlle JANE MARIGNAN.
2619 Les soldats d'Augereau.   Mlle JANE MARIGNAN.

La Fille du Tambour-Major (Offenbach)

2623 Couplets du tailleur.   M. BERTHAUD.
2624 Chanson de la fille.   Mme EDMÉE FAVART.
2626 Duo du petit troupier.   Mlle LÉO DEMOULIN et M. BERTHAUD.
2625 Duo du IIIe acte.   Mlle ROSALIA LAMBRECHT et M. CLERGUE.

François les Bas-Bleus (Bernicat et Messager)

2627 C'est François les Bas-Bleus.   M. BOYER.

Gillette de Narbonne (Audran)

2628 Couplets du dodo.   Mlle LÉO DEMOULIN.
2629 Rappelez-vous nos promenades (DUO).   Mlle ROSALIA LAMBRECHT et M. CLERGUE.

Giroflé-Girofla (Lecocq)

2630 Duo d'amour.   Mlle LÉO DEMOULIN et M. BERTHAUD.
2631 Duo mauresque.   Mlle ROSALIA LAMBRECHT et M. CLERGUE.

Le Grand Mogol (Audran)

2635 Dans ce beau palais de Delhi (DUO).   Mlle ROSALIA LAMBRECHT et M. DELVOYE.

Le Grand Mogol (Audran) *(suite)*

2632 Couplets du chou et de la rose.   M. VAGUET.
2633 Si j'étais un petit serpent.   M. BERTHAUD.
2634 Valse du " Kiri-Kiribi ".   Mlle JANE MARIGNAN.

La Grande-Duchesse de Gérolstein (Offenbach)

2636 Chanson militaire (DUO).   Mlle LÉO DEMOULIN et M. BERTHAUD.
2637 Couplets des mariés (DUO).   Mlle LÉO DEMOULIN et M. BERTHAUD.
2638 Duo de la consigne.   Mlle LÉO DEMOULIN et M. BERTHAUD.

Hans le Joueur de flûte (Ganne)

2639 Berceuse.   M. G. ELVAL.
2641 Duo du plaisir.   Mlle ROSALIA LAMBRECHT et M. BERTHAUD.
2640 Stances.   M. BERTHAUD.

Joséphine vendue par ses sœurs (V. Roger)

2642 Couplets de Putiphar.   M. BERTHAUD.

Le Jour et la Nuit (Lecocq)

2643 Sous le regard (*Romance du Ier acte*).   M. VAGUET.
2644 Duetto du IIe acte.   Mlle LÉO DEMOULIN et M. BERTHAUD.

Madame Favart (Offenbach)

2645 C'est la lumière...   M. BOYER.

Mam'zelle Nitouche (Hervé)

2646	Couplet de " Babet et Cadet ".	Mlle JANE MARIGNAN.
2647	Couplets de l'Inspecteur.	M. BERTHAUD.
2648	Duo du paravent.	Mlle LÉO DEMOULIN et M. BERTHAUD.

La Marquise de Chicago (Edy Toulmouche)

2842	Un baiser ! vous dans la roture (Couplet du rire).	Mlle ROSALIA LAMBRECHT.

La Mascotte (Audran)

2649	Air de Saltarello.	M. BOYER.
2650	Ces envoyés du paradis.	M. RIGAUX.
2651	Chanson du capitaine.	Mlle LÉO DEMOULIN.
2652	Couplets de " Je ne sais quoi ".	M. BERTHAUD.
2653	Couplets du " Secret de polichinelle ".	M. BERTHAUD.
2655	Duetto des dindons.	Mlle ROSALIA LAMBRECHT et M. DELVOYE.
2656	Quelle tournure, quel maintien (DUO).	Mlle ROSALIA LAMBRECHT et M. DELVOYE.
2654	Un baiser c'est bien douce chose.	Mlle JANE MARIGNAN.

Miss Helyett (Audran)

2658	Duetto du portrait.	Mlle ROSALIA LAMBRECHT et M. CLERGUE.
2657	Duetto espagnol.	Mlle LÉO DEMOULIN et M. BERTHAUD.

Les Mousquetaires au Couvent (Varney)

2659	Il serait vrai.	M. VAGUET.
2660	Mon père, je m'accuse.	Mlle JANE MARIGNAN.
2661	Pour faire un brave mousquetaire.	M. BOYER.

Orphée aux Enfers (Offenbach)

2662	Couplets du Roi de Béotie.	M. VAGUET.
2663	Hymne à Bacchus.	Mlle ROSALIA LAMBRECHT.

Les P'tites Michu (Messager)

2664	Rassurez-vous, Monsieur Gaston (DUO).	Mlle ROSALIA LAMBRECHT et M. CLERGUE.

Panurge (Planquette)

2665	Berceuse (Dors bien tranquillement).	M. BOYER.

La Périchole (Offenbach)

2669	Duo de l'espagnol et de la jeune indienne.	Mlle LÉO DEMOULIN. M. BERTHAUD. Mlle LÉO DEMOULIN.
2667	Griserie.	
2668	O mon cher amant, je te jure.	Mlle JANE MARIGNAN. Mlle LÉO DEMOULIN et M. BERTHAUD.
2670	Séguidille (DUO).	

Le Petit Duc (Lecocq)

2671 Chanson du petit bossu. — M. BOYER.
2672 Couplets de la guerre. — Mlle JANE MARIGNAN.
2673 Enfin, nous voici, ma petite. — Mlle JANE MARIGNAN.
2674 Hélas ! elle a raison, ma chère. — Mlle JANE MARIGNAN.

Le Petit Faust (Hervé)

2675 Duo du martinet. — Mlle LÉO DEMOULIN et M. BERTHAUD.
2676 Duo du Vaterland. — Mlle LÉO DEMOULIN et M. BERTHAUD.

La Petite Bohême (Hirschmann)

2677 Couplets de Mimi. — Mme EDMÉE FAVART.

La Petite Mariée (Lecocq)

2678 Dans la bonne société. — Mme EDMÉE FAVART.
2680 Duo de la lecture. — Mlle JANE MARIGNAN et M. BELHOMME.
2681 Duo des larmes. — Mlle LÉO DEMOULIN et M. BERTHAUD.

La Poupée (Audran)

2682 Duo de la caresse. — Mlle LÉO DEMOULIN et M. BERTHAUD.
2683 Duo de la séduction. — Mlle LÉO DEMOULIN et M. BERTHAUD.

Rip (Planquette)

2684 Air de la paresse. — M. BOYER.
2685 Duo de la légende. — Mlle ROSALIA LAMBRECHT et M. CLERGUE.
2686 Romance des enfants. — M. BOYER.

Trois Amoureuses (F. Léhar)

2843 Guêpe au Corset d'or (Berceuse de la Guêpe) (Ier acte) — Mlle ROSALIA LAMBRECHT.
2844 O roses d'autrefois (Lied) (IIe acte). — Mlle ROSALIA LAMBRECHT.
2845 Voici trois amoureuses (Valse des trois amoureuses) (IIIe acte). — Mlle ROSALIA LAMBRECHT.

Véronique (Messager)

2687 Couplets d'Estelle et de Véronique. — Mlle LÉO DEMOULIN.
2688 Couplets du IIIe acte. — Mlle DELTY.
2691 Duetto de l'âne. — Mlle ROSALIA LAMBRECHT et M. CLERGUE.
2692 Duo de l'escarpolette. — Mlle ROSALIA LAMBRECHT et M. DELVOYE.
2690 Petite dinde. — Mme EDMÉE FAVART.
2689 Ronde du IIe acte. — Mlle MARGUERITE D'ELTY.

La Veuve Joyeuse (F. Lehar)

2693 Du bon côté j'ai pris la vie (Rondo de Danilo). — M. PERVAL.
2694 Folle ivresse. — M. SARDET.

Chœurs divers

(AVEC ACCOMPAGNEMENT D'ORCHESTRE)

2695	Les Allobroges (DESAIX).	Soli par :	MM. DE POUMAYRAC, NANSEN, DANGÈS et BELHOMME.
2696	Le Chant du Départ (MÉHUL).	Soli par :	MM. DAVID DEVRIÈS, NANSEN, DANGÈS et BELHOMME. Mlle LAPEYRETTE.
2697	La Marseillaise (ROUGET DE LISLE).	Soli par :	MM. ALBERS et LASSALLE.
2698	Les Montagnards (A. ROLAND) (*sans accompag^t*).	Soli par :	MM. DAVID DEVRIÈS, GILLY, DANGÈS et BELHOMME.
2699	Le Régiment de Sambre-et-Meuse (PLANQUETTE).	Soli par :	MM. DE POUMAYRAC, NANSEN, DANGÈS et BELHOMME.
2700	Un peu d'tout (BERNON) (*Chœur burlesque*).	Soli par :	MM. DE POUMAYRAC, NANSEN, DANGÈS et BELHOMME.

Mélodies et Romances

(AVEC ACCOMPAGNEMENT D'ORCHESTRE)

2701	A dame jolie (P. CODINI).	M. GALAND.
2703	A Trianon (A. RÉMY) (*Menuet*).	M. VAGUET.
2704	Absence (BERLIOZ).	Mme FELTESSE-OSCOMBRE.
2705	Alléluia d'amour (FAURE).	M. NOTÉ.
2706	L'Angélus de la mer (G. GOUBLIER).	M. NOTÉ.
2707	Apaisement (J.-Ch. NOUGUÈS).	M. VAGUET.
2716	Au caprice du vent (M. PESSE).	M. VAGUET.
2708	Au loin (SCHUMANN).	M. ALBERS.
2709	Aubade à la fiancée (L. MONTAURIOL).	M. VAGUET.
2711	Berceuse d'amour (P. DELMET).	M. MURATORE.
2712	Le Biniou (*Chanson bretonne*) (DURAND).	M. VAGUET.
2713	Les Bœufs (P. DUPONT).	M. ALBERS.
2714	Bonsoir, Madame la lune (MARINIER).	M. DAVID DEVRIÈS.
2715	Captif (H. FÉVRIER).	M. VAGUET.
2717	Caresse de fleurs (CH. LEUNTJENS).	M. VAGUET.
2718	Chanson (*Poésie de " Victor Hugo"*) (RUHLMANN).	M. VAGUET.
2719	Chanson à Vilja (*sur les motifs de " la Veuve Joyeuse"*) (F. LEHAR).	M. SARDET.
2720	La Chanson de Marinette (TAGLIAFICO).	M. VIGNEAU.
2721	La Chanson des peupliers (DORIA).	M. NOTÉ.
2722	La Chanson du printemps (GOUNOD).	M. VIGNEAU.
2723	Chanson pour Jean (E. CHIZAT).	M. BELHOMME.
2724	Chant d'exil (P. VIDAL).	M. NOTÉ.
2726	La Charité (FAURE).	M. NOTÉ.
2727	Ce que disent les pierres (A. JOUBERTI).	M. ALBERS.
2728	Le Clairon (DÉROULÈDE et ANDRÉ) (*avec clairon*).	M. ALBERS.
2729	Le Contrat des amours (H. CHATAU).	M. GALAND.
2730	Le Cor (FLÉGIER) (*avec cor*).	M. ALBERS.
2731	Le Credo du paysan (G. GOUBLIER).	M. NOTÉ.
2732	Le Credo du paysan (G. GOUBLIER).	M. VIGNEAU.
2733	Cri d'amour (LUCIEN-FARJALL).	M. VAGUET.
2734	La Croix du chemin (G. GOUBLIER).	M. NOTÉ.
2735	Les Deux grenadiers (SCHUMANN).	M. ALBERS.
2736	La Divine chanson (P. AREZZO).	M. GALAND.
2738	Dormez, je vous aime (E. MATHÉ).	M. TIRMONT.
2737	Douce chanson (*Berceuse*) (A. MESSAGER).	M. VAGUET.
2739	Élégie (*tiré des "Érinnyes"*) (MASSENET).	Mlle MÉRENTIÉ.
2740	Élégie (*tiré des "Érinnyes"*) (MASSENET).	M. VAGUET.
2742	L'Enfant chantait la Marseillaise (COLIN).	M. NOTÉ.
2743	Les Enfants (MASSENET).	Mlle MÉRENTIÉ.
2744	L'Étoile confidente (ROBAUDI).	M. NOTÉ.

MÉLODIES ET ROMANCES *(Suite).*

N°	Titre	Interprète
2745	Étoile d'amour (P. Delmet).	M. VAGUET.
2746	Exhortation (M. Thoulouze).	M. VAGUET.
2747	Fascination (*Valse chantée*) (Marchetti).	Mlle MÉRENTIÉ.
2748	La Fileuse (*Chanson bretonne*) (Th. Botrel).	M. VAGUET.
2749	Habanera (Daneau).	M. NOTÉ.
2750	Heure grise (*Mélancolie*) (Siégrist).	M. VAGUET.
2751	L'Insensé (Rupès).	M. AFFRE.
2752	J'ai pardonné (Schumann).	M. ALBERS.
2753	J'ai trouvé trois filles (G. Goublier).	M. DAVID DEVRIÈS.
2754	Laissez-moi rire (Controne).	Mlle ROSALIA LAMBRECHT.
2756	Malgré moi (Pfeiffer).	M. AFFRE.
2757	Marche devant le drapeau (E. Chizat).	M. BELHOMME.
2759	Mes larmes (Schumann).	M. ALBERS.
2762	Les Myrtes sont flétris (Fauré).	M. ALBERS.
2763	Ninon la gaîté (G. Maquis).	Mlle ROSALIA LAMBRECHT.
2764	Ninon voici les roses (J. Darien).	M. VAGUET.
2765	Noël des bergers (E. Chizat).	M. BELHOMME.
2766	Noël des gueux (Gérald Vargues).	M. NOTÉ.
2767	Noël païen (Massenet).	M. NOTÉ.
2768	Novembre (Trémizot) (*Poésie de M. Paul Bourget*).	M. NOTÉ.
2769	O Sole Mio (*Chanson napolitaine*) (Di Capua).	M. VIGNEAU.
2770	Octobre (Lemaire).	M. DUPRÉ.
2771	On a oublié (*Chanson rustique*) (Lucien-Farjall).	M. VAGUET.
2772	Parais à ta fenêtre (*Sérénade*) (L. Gregh).	M. AFFRE.
2773	Patria (*Hymne guerrier*) (Pons).	M. NOTÉ.
2774	Pauvres fous (Tagliafico).	M. ALBERS.
2775	Pensée d'automne (Massenet).	M. VIGNEAU.
2755	Pensez à moi (L. Farjall).	M. VAGUET.
2776	Le Petit siffleur (*Chanson rustique*) (Lucien-Farjall).	M. VAGUET.
2778	Plus près de toi, mon Dieu (*Hymne exécuté à bord du "Titanic"*) (R.-P. Ligonnet).	M. VAGUET.
2779	Le Portrait de Mireille (Doria).	M. DAVID DEVRIÈS.
2783	Près du jardin (*Sérénade*) (Vittorio Mori).	M. VAGUET.
2784	Prière (Gounod).	M. NOTÉ.
2785	La Procession (C. Franck).	Mme FELTESSE-OSCOMBRE.
2787	Qu'en dis-tu, petite (L. Delerue).	M. VAGUET.
2786	Quand l'oiseau chante (Tagliafico).	M. VAGUET.
2777	Quand tu dors (*Sérénade*) (Gounod) (acc^t piano).	M. VAGUET.
2788	Rêve d'amour (*Poésie de Victor Hugo*) (Ruhlmann).	M. VAGUET.
2780	Rêve d'enfant (L. Billaut).	M. VAGUET.
2789	Le Rêve du prisonnier (Rubinstein).	M. ALBERS.
2790	Rêve ou folie (Ch. Mame Fils).	M. VAGUET.
2791	Rêverie (Schumann).	Mme FELTESSE-OSCOMBRE.
2792	Le Roi de Thulé (J. Fragerolle) (*Il était un roi*).	M. VAGUET.
2794	Les Sapins (P. Dupont).	M. NOTÉ.
2795	Semailles (G. Goublier).	M. ALBERS.
2796	Sérénade du passant (Massenet).	M. VAGUET.
2797	Si j'étais Dieu (Marietti).	M. NOTÉ.
2798	Si tu le voulais (P. Tosti).	Mlle MÉRENTIÉ.
2800	Si vous ne m'aimez plus (G. Goublier).	M. DUPRÉ.
2801	Le Soir (Gounod).	M. NOTÉ.
2803	Sonnet (*Poésie de Du Locle*) (Duprato).	M. VAGUET.
2804	Souhaits à la France (*Chanson-marche avec chœur*) (E. Pessard).	M. NUIBO.
2805	Stances (Flégier)	M. ALBERT ALVAREZ

2807 Le Temps des cerises (Renard).	M.	AFFRE.
2809 La Vierge à la crèche (J. Clérice).	M.	VAGUET.
2810 Le Vieux mendiant (P. Delmet).	M.	DUPRÉ.
2811 Le Violon brisé (Herpin).	M.	NOTÉ.
2812 La Voix des chênes (G. Goublier).	M.	NOTÉ.
2813 Vous êtes jolie (P. Delmet).	M.	VAGUET.
2808 Vos yeux (J. Clerice).	M.	VAGUET.
2814 Wiegenlied (*Berceuse*) (Mozart).	Mme	FELTESSE-OSCOMBRE

Hymnes Nationaux et Chants Patriotiques

(AVEC ACCOMPAGNEMENT D'ORCHESTRE)

2815 Le Chant du départ (Méhul).	M.	BELHOMME.
2816 La Marseillaise (Rouget de Lisle).	M.	NOTÉ.
2817 La Nouvelle Brabançonne (1860) (Campenhout).	M.	NOTÉ.
2818 Vers l'avenir (*Chant national dédié au roi des Belges*) (Gevaert).	M.	NOTÉ.

Chants Révolutionnaires

(AVEC ACCOMPAGNEMENT D'ORCHESTRE)

2781 La Carmagnole (du citoyen "Birard") (1792) (avec Chœur) (A. Stanislas).	M.	MAGUENAT.
2782 L'Internationale (avec Chœur) (Degeyter).	M.	MAGUENAT.

Morceaux Religieux

(AVEC ACCOMPAGNEMENT D'ORCHESTRE)

2819 Agnus Dei (Fauré).	M.	ALBERS.
2820 Ave Maria (Gounod).	M.	AFFRE.
2821 Ave Maria (Acct violon et orgue) (Gounod).	M.	VAGUET.
2822 Ave Maria (Acct violon et orgue) (Chérubini).	M.	VAGUET.
2823 Bébé à Jésus (*Prière*) (L. Delerue).	M.	VAGUET.
2824 Le Ciel a visité la terre (Gounod).	M.	VAGUET.
2825 Hosanna (*Chant de Pâques*) (Granier).	M.	AFFRE.
2826 Noël (Adam).	M.	ALBERS.
2827 Noël (Adam).	M.	NOTÉ.
2828 O Salutaris (S. Rousseau).	M.	ALBERS.
2829 O Salutaris (Acct violon et orgue) (Fauré).	M.	VAGUET.
2830 Panis Angelicus (C. Franck).	M.	ALBERS.
2831 Pater Noster (*Offertoire*)(Niedermeyer).	M.	ALBERS.
2832 Petit Jésus (*Noël*) (F. Thomé).	M.	VAGUET.
2833 Les Rameaux (Fauré).	M.	NOTÉ.
2834 Sancta Maria (*en français*) (Fauré).	M.	NOTÉ.

DUOS RELIGIEUX

(AVEC ACCOMPAGNEMENT D'ORCHESTRE)

2835 Agnus Dei (Bizet).	MM.	ALBERS et DE POUMAYRAC.
2836 Le Crucifix (Fauré).	MM.	VAGUET et ALBERS.

RÉPERTOIRES INDIVIDUELS

CHANT

M. AFFRE
Ténor de l'Opéra.
(AVEC ACCOMPAGNEMENT D'ORCHESTRE)

OPÉRAS et OPÉRAS COMIQUES

2011	Aida. — O céleste Aïda.	VERDI.
2020	Astarté. — Les Adieux d'Hercule.	X. LEROUX.
2021	L'Attaque du Moulin. — Les Adieux à la forêt.	MAILLART.
2135	Les Dragons de Villars — Ne parle pas.	MAILLART.
2152	Faust. — Salut, ô mon dernier matin.	GOUNOD.
2207	La Favorite. — Ange si pur.	DONIZETTI.
2268	Guillaume Tell. — Asile héréditaire.	ROSSINI.
2295	Les Huguenots. — Plus blanche que la blanche hermine.	MEYERBEER.
2308	La Juive. — Dieu que ma voix tremblante.	HALÉVY.
2310	La Juive. — Rachel, quand du Seigneur.	HALÉVY.
2323	Lohengrin. — Mon cygne aimé.	R. WAGNER.
2324	Lohengrin. — Récit du Graal.	R. WAGNER.
2332	Lucie de Lammermoor. — O bel ange.	DONIZETTI.
2358	Méphistophélès. — Romance de Faust (1er acte).	BOÏTO.
2359	Méphistophélès. — Romance de Faust (IVe acte).	BOÏTO.
2430	Le Prophète. — Pour Bertha, moi je soupire.	MEYERBEER.
2433	La Reine de Saba. — Inspirez-moi, race divine.	GOUNOD.
2508	Sigurd. — Un souvenir poignant.	REYER.
2580	Le Trouvère. — Exilé sur la terre (Romance).	VERDI.

DUOS

MM. AFFRE et ALBERS.

2273	Guillaume Tell. — O Mathilde.	ROSSINI.
2333	Lucie de Lammermoor. — Souviens-toi qu'en ce domaine.	DONIZETTI.

M. AFFRE et Mme MATHILDE COMÈS.

2008	L'Africaine. — O ma Sélika.	MEYERBEER.
2116	Le Cid. — O jours de ma première tendresse.	MASSENET.
2214	La Favorite. — Adieu, je dois fuir.	DONIZETTI.
2297	Les Huguenots. — Grand duo du IVe acte.	MEYERBEER.
2509	Sigurd. — Duo de la Fontaine (IVe acte).	REYER.

M. AFFRE et Mlle JANE MARIGNAN.

2012	Aida. — Je te revois enfin.	VERDI.
2013	Aida. — Mourir, ô toi si belle.	VERDI.

TRIO

MM. AFFRE, ALBERS et BELHOMME.

2274	Guillaume Tell. — Ses jours.	ROSSINI.

M. ALBANI
Ténor de la Scala de Milan.
(AVEC ACCOMPAGNEMENT D'ORCHESTRE)

OPÉRAS

2269	Guillaume Tell. — Asile héréditaire.	ROSSINI.
2296	Les Huguenots. — Plus blanche que la blanche hermine.	MEYERBEER.

2311 La Juive. — Rachel, quand du Seigneur.	HALÉVY.	2276 Hamlet. — Chanson bachique.	A. THOMAS.
2399 Otello. — Tout m'abandonne.	VERDI.	2330 Lucie de Lammermoor. — D'un amour qui me brave.	DONIZETTI.
2467 Rigoletto. — Comme la plume au vent.	VERDI.	2360 Messaline. — O nuit d'amour.	I. DE LARA.
2504 Sigurd. — Entrée de Sigurd.	REYER.	2381 Mourette. — Des sourires d'enfant.	PONS.
2591 Werther. — Pourquoi me réveiller ?	MASSENET.	2398 Otello. — Credo de Iago.	VERDI.

(*Voir au répertoire italien les morceaux chantés en italien par cet artiste.*)

M. ALBERS
Baryton de l'Opéra.

(AVEC ACCOMPAGNEMENT D'ORCHESTRE)

OPÉRAS et OPÉRAS COMIQUES

2000 Aben-Hamet. — Air d'Aben-Hamet (*Reine, toi qu'Hamet salue*).	TH. DUBOIS.	2402 Paillasse. — Prologue.	LEONCAVALLO.
2015 L'Aigle. — Ah ! mes fidèles.	NOUGUÈS.	2405 Le Pardon de Ploërmel.— O puissante, puissante magie (*Grand air*).	MEYERBEER.
2019 Ascanio. — Arioso de Benvenuto.	SAINT-SAENS.	2406 Le Pardon de Ploërmel. — Enfin l'heure est venue (*Grand air*) (*suite*).	MEYERBEER.
2023 L'Attaque du moulin. — Berceuse.	BRUNEAU.	2411 Patrie. — Pauvre martyr obscur.	PALADILHE.
2036 Benvenuto Cellini. — De l'art, splendeur immortelle.	DIAZ.	2469 Rigoletto. — Courtisans, race vile et damnée.	VERDI.
2110 Charles VI. — Avec la douce chansonnette.	HALÉVY.	2483 Le Roi de Lahore. — Promesse de mon avenir.	MASSENET.
2111 Charles VI. — C'est grand'pitié.	HALÉVY.	2500 Samson et Dalila. — Maudite à jamais soit la race.	SAINT-SAENS.
2112 Le Chemineau. — Chanson du moissonneur.	X. LEROUX.	2506 Sigurd. — Et toi, Freia.	REYER.
2117 Cinq-Mars. — Sur les flots qui vous entraîne (*Cantabile*).	GOUNOD.	2524 Thérèse. — Le danger s'accroît.	MASSENET.
2119 Les Contes d'Hoffmann. — Scintille diamant (*Air de Dapertutto*).	OFFENBACH.	2525 Thérèse. — O Thérèse, regarde dans cette eau...	MASSENET.
2121 La Coupe du Roi de Thulé. — Il est venu (*Grand air*).	DIAZ.	2530 La Tosca. — Si pour de beaux yeux (*Solo de Scarpia*).	PUCCINI.
2125 La Damnation de Faust. — Sérénade de Méphisto.	BERLIOZ.	2582 Le Vaisseau fantôme. — Du temps passé.	R. WAGNER.
2126 La Damnation de Faust. — Voici les roses.	BERLIOZ.	2583 Le Vaisseau fantôme. — Un seul espoir.	R. WAGNER.
2134 Don Juan. — Sérénade.	MOZART.		
2154 Faust. — Scène de l'église.	GOUNOD.		
2270 Guillaume Tell. — Prière (*Sois immobile*).	ROSSINI.		

DUOS

MM. ALBERS et AFFRE

2273 Guillaume Tell. — O Mathilde.	ROSSINI.
2333 Lucie de Lammermoor. — Souviens-toi qu'en ce domaine.	DONIZETTI.

M. ALBERS et Mlle JANE MARIGNAN.

2014 Aïda. — Tu verras cette terre.	VERDI.

MM. ALBERS et VAGUET.

2383 La Muette de Portici. — Amour sacré de la Patrie.	AUBER.

TRIO

MM. ALBERS, AFFRE et BELHOMME.
2274 **Guillaume Tell.** — Ses jours. ROSSINI.

QUATUOR

MM. ALBERS, VAGUET, Mmes JANE MARIGNAN et BERIZA.
2471 **Rigoletto.** — Quatuor. VERDI.

M. ALBERT ALVAREZ
Ténor de l'Opéra

(AVEC ACCOMPAGNEMENT DE PIANO)

OPÉRAS et OPÉRAS COMIQUES

2002 **L'Africaine.** — Air de Vasco de Gama. MEYERBEER.
2100 **Carmen.** — La fleur que tu m'avais jetée. BIZET.
2149 **Faust.** — Salut, demeure chaste et pure. GOUNOD.
2153 **Faust.** — Salut, ô mon dernier matin. GOUNOD.
2356 **Martha.** — Air des larmes (Acc^t D'ORCHESTRE). FLOTOW.
2400 **Paillasse.** — Pauvre Paillasse. LEONCAVALLO.

DUOS

M. ALBERT ALVAREZ et Mme DELNA.
2215 **La Favorite.** — Duo du IVe acte. DONIZETTI.
2432 **Le Prophète.** — Duo du Ve acte. MEYERBEER.

M. AUMONIER
Basse de l'Opéra de Nice.

(AVEC ACCOMPAGNEMENT D'ORCHESTRE)

OPÉRAS

2291 **Les Huguenots.** — Choral de Luther. MEYERBEER.
2294 **Les Huguenots.** — Pif ! Paf ! MEYERBEER.

2312 **La Juive.** — Si la rigueur (*Cavatine*). HALÉVY.
2313 **La Juive.** — Vous qui du Dieu vivant (*Malédiction*). HALÉVY.
2434 **La Reine de Saba.** — Sous les pieds d'une femme. GOUNOD.
2473 **Robert le Diable.** — Évocation des nonnes. MEYERBEER.
2490 **Roméo et Juliette.** — Invocation. GOUNOD.

M. BAER
Basse de l'Opéra.

(AVEC ACCOMPAGNEMENT D'ORCHESTRE)

OPÉRAS et OPÉRAS COMIQUES

2284 **Hérodiade.** — Grand air de Phanuel. MASSENET.
2343 **Manon.** — Épouse quelque brave fille. MASSENET.
2419 **Philémon et Baucis.** — Air de Vulcain. GOUNOD.
2474 **Robert le Diable.** — Évocation des nonnes. MEYERBEER.
2489 **Roméo et Juliette.** — Bénédiction. GOUNOD.

M. BELHOMME
Basse chantante de l'Opéra-Comique.

(AVEC ACCOMPAGNEMENT D'ORCHESTRE)

OPÉRAS et OPÉRAS COMIQUES

2028 **Le Barbier de Séville.** — Air de la calomnie. ROSSINI.
2040 **Le Caïd.** — Air du Tambour-Major. A. THOMAS.
2041 **Le Caïd.** — La Diane. A. THOMAS.
2106 **Le Chalet.** — Dans le service de l'Autriche. ADAM.
2107 **Le Chalet.** — Vallons de l'Helvétie. ADAM.
2130 **Le Domino noir.** — Deo Gratias. AUBER.
2148 **Faust.** — Ronde du veau d'or. GOUNOD.
2156 **Faust.** — Vous qui faites l'endormie (*Sérénade*). GOUNOD.

2280	Haydée. — A la voix séduisante.	AUBER.
2367	Mignon. — Berceuse.	A. THOMAS.
2404	Le Pardon de Ploërmel. — Air du chasseur.	MEYERBEER.
2409	Patrie. — Air du sonneur.	PALADILHE.
2420	Philémon et Baucis. — Air de Vulcain.	GOUNOD.
2424	Le Postillon de Longjumeau. — Air bouffe.	ADAM.
2512	Le Songe d'une nuit d'été. — Chanson de Falstaff.	A. THOMAS.

DUOS

MM. BELHOMME et BERTHAUD.

2108	Le Chalet. — Il faut me céder ta maîtresse.	ADAM.
2109	Le Chalet. — Il faut me céder ta maîtresse (suite).	ADAM.

M. BELHOMME et Mlle KORSOFF.

2221	La Fille du Régiment. — La voilà ! La voilà !	DONIZETTI.

M. BELHOMME et Mlle JANE MARIGNAN.

2224	La Flûte enchantée. — Ton cœur m'attend.	MOZART.
2427	Le Pré aux Clercs. — Les rendez-vous.	HÉROLD.
2680	La Petite Mariée. — Duo de la lecture.	LECOCQ.

MM. BELHOMME et VAGUET.

2157	Faust. — Entrée de Méphisto.	GOUNOD.
2158	Faust. — Entrée de Méphisto (suite).	GOUNOD.

M. BELHOMME et Mme VALLANDRI.

2371	Mignon. — Duo des hirondelles.	A. THOMAS.

TRIOS

MM. BELHOMME, AFFRE et ALBERS.

2274	Guillaume Tell. — Ses jours.	ROSSINI.

MM. BELHOMME, DANGÈS et VAGUET.

2160	Faust. — Trio du duel.	GOUNOD.

MM. BELHOMME, VAGUET et Mme VALLANDRI

2161	Faust. — Trio final.	GOUNOD.

M. BERTHAUD

Ténor du Théâtre de Monte-Carlo.

(AVEC ACCOMPAGNEMENT D'ORCHESTRE)

OPÉRETTES

2623	La Fille du Tambour-Major. — Couplets du tailleur.	OFFENBACH.
2633	Le Grand Mogol. — Si j'étais un petit serpent.	AUDRAN.
2640	Hans le joueur de flûte. — Stances.	GANNE.
2642	Joséphine vendue par ses sœurs. — Couplets de Putiphar.	V. ROGER.
2647	Mam'zelle Nitouche. — Couplets de l'inspecteur.	HERVÉ.
2652	La Mascotte. — Couplets de " Je ne sais quoi ".	AUDRAN.
2653	La Mascotte. — Couplets du " Secret de Polichinelle ".	AUDRAN.

DUOS

OPÉRA COMIQUE

MM. BERTHAUD et BELHOMME.

2108	Le Chalet. — Il faut me céder ta maîtresse.	ADAM.
2109	Le Chalet. — Il faut me céder ta maîtresse (suite).	ADAM.

OPÉRETTES

M. BERTHAUD et Mlle LÉO DEMOULIN.

2601	La Belle Hélène. — Duo du rêve.	OFFENBACH.
2621	La Fille de Madame Angot. — Duo de Clairette et Pitou.	LECOCQ.
2626	La Fille du Tambour-Major. — Duo du petit troupier.	OFFENBACH.

2630 Giroflé-Girofla. — Duo d'amour.	LECOCQ.	2901 Mireille. — Anges du Paradis.	GOUNOD.
2636 La Grande-Duchesse de Gérolstein. —Chanson militaire.	OFFENBACH.	2902 Si j'étais Roi. — J'ignorais son nom.	ADAM.
		2903 La Tosca. — Air de la lettre.	PUCCINI

DUOS

M. LÉON BEYLE et Mme MARGUERITE CARRÉ.

(AVEC ACCOMPAGNEMENT DE PIANO)

2637 La Grande-Duchesse de Gérolstein. — Couplets des mariés.	OFFENBACH.	
2638 La Grande-Duchesse de Gérolstein. — Duo de la consigne.	OFFENBACH.	
2644 Le Jour et la nuit. — Duetto du IIe acte.	LECOCQ.	2350 Manon. — Duo de la lettre. MASSENET.
2648 Mam'zelle Nitouche. — Duo du paravent.	HERVÉ.	2351 Manon. — Duo de la rencontre. MASSENET.
2657 Miss Helyett. — Duetto espagnol.	AUDRAN.	2482 Le Roi d'Ys. — A l'autel, j'allais. E. LALO.

M. LÉON BEYLE et Mme VALLIN-PARDO.

(AVEC ACCOMPAGNEMENT D'ORCHESTRE)

2669 La Périchole. — Duo de l'Espagnol et de la jeune indienne.	OFFENBACH.	
2670 La Périchole. — Séguidille.	OFFENBACH.	
2675 Le Petit Faust. — Duo du martinet.	HERVÉ.	2904 Manon. — Duo de la lettre. MASSENET.
2676 Le Petit Faust. — Duo du Vaterland.	HERVÉ.	2905 Manon. — Duo de la rencontre, (Ire partie). MASSENET.
2681 La Petite Mariée. — Duo des larmes.	LECOCQ.	2906 Manon. — Duo de la rencontre (IIe partie). MASSENET.
2682 La Poupée. — Duo de la caresse.	AUDRAN.	2907 Mireille. — O ! Magali. GOUNOD.
2683 La Poupée. — Duo de la séduction.	AUDRAN.	

M. BERTHAUD et Mlle ROSALIA LAMBRECHT.

2641 Hans le Joueur de flûte. — Duo du plaisir. GANNE.

M. BOUVET

Baryton de l'Opéra-Comique.

(AVEC ACCOMPAGNEMENT D'ORCHESTRE)

M. LÉON BEYLE

Ténor de l'Opéra-Comique.

(AVEC ACCOMPAGNEMENT D'ORCHESTRE)

OPÉRAS COMIQUES

2300 La Joconde. — Dans un délire extrême.	NICOLO.
2422 Philémon et Baucis. — Que les songes heureux.	GOUNOD.

2900 Carmen. — La fleur que tu m'avais jetée.	BIZET.
2104 Cavalleria Rusticana. — Sicilienne.	MASCAGNI.
3150 Faust. — Salut, demeure chaste et pure (Acct PIANO).	GOUNOD.
2216 La Fille de Roland. — Chanson des Épées (Acct PIANO).	RABAUD.
2263 Grisélidis. — Chanson d'Alain (Acct PIANO).	MASSENET.
2340 Manon. — Ah ! fuyez, douce image.	MASSENET.
2348 Manon. — Le Rêve de Des Grieux.	MASSENET.
2364 Mignon. — Adieu, Mignon courage.	A. THOMAS.

M. BOYER

Baryton de l'Opéra-Comique

(AVEC ACCOMPAGNEMENT D'ORCHESTRE)

OPÉRAS COMIQUES

2334 Le Maître de chapelle. — Ah ! quel plaisir de pressentir sa gloire.	PAER.
2337 Manon. — A quoi bon l'économie.	MASSENET.

2388 Les Noces de Jeannette. — Enfin me voilà seul. V. MASSÉ.
2389 Les Noces de Jeannette. — Margot, lève ton sabot. V. MASSÉ.

OPÉRETTES

2613 Le cœur et la main. — L'adjudant et sa monture. LECOCQ.
2627 François les Bas-Bleus. — C'est François les Bas-Bleus. BERNICAT et MESSAGER.
2645 Madame Favart. — C'est la lumière. OFFENBACH.
2649 La Mascotte. — Air de Saltarello. AUDRAN.
2661 Les Mousquetaires au couvent. — Pour faire un brave mousquetaire. VARNEY.
2665 Panurge. — Berceuse (*Dors bien tranquillement*). PLANQUETTE.
2671 Le Petit duc. — Chanson du petit bossu. LECOCQ.
2684 Rip. — Air de la paresse. PLANQUETTE.
2685 Rip. — Romance des enfants. PLANQUETTE.

M. CLERGUE
Baryton du Trianon-Lyrique.

(AVEC ACCOMPAGNEMENT D'ORCHESTRE)

DUOS

OPÉRETTES

M. CLERGUE et Mlle ROSALIA LAMBRECHT.

2605 La Cigale et la Fourmi. — Duetto et couplets de l'oiselet. AUDRAN.
2620 La Fille de Madame Angot. — Duetto du IIe acte. LECOCQ.
2625 La Fille du Tambour-Major. — Duo du IIIe acte. OFFENBACH.
2629 Gillette de Narbonne. — Rappelez-vous nos promenades. AUDRAN.

2631 Giroflé-Girofla. — Duo mauresque. LECOCQ.
2658 Miss Helyett. — Duetto du portrait. AUDRAN.
2664 Les P'tites Michu. — Rassurez-vous, Monsieur Gaston. MESSAGER.
2686 Rip. — Duo de la légende. PLANQUETTE.
2691 Véronique. — Duetto de l'âne. MESSAGER.

M. DANGÈS
Baryton de l'Opéra.

(AVEC ACCOMPAGNEMENT D'ORCHESTRE)

OPÉRAS et OPÉRAS COMIQUES

2212 La Favorite. — Pour tant d'amour. DONIZETTI.
2278 Hamlet. — Spectre infernal. A. THOMAS.
2303 Le Jongleur de Notre-Dame. — Légende de la sauge. MASSENET.
2344 Manon. — Épouse quelque brave fille. MASSENET.
2521 Thaïs. — Air d'Alexandrie. MASSENET.
2533 La Traviata. — Lorsqu'à de folles amours. VERDI.

TRIO
MM. DANGÈS, VAGUET et BELHOMME

2160 Faust. — Trio du duel. GOUNOD.

M. DELMAS
Basse de l'Opéra.

(AVEC ACCOMPAGNEMENT DE PIANO)

OPÉRAS

2155 Faust. — Scène de l'église. GOUNOD.
2287 Les Huguenots. — Bénédiction des poignards. MEYERBEER.
2412 Patrie. — Pauvre martyr obscur. PALADILHE.

M. DELVOYE
Baryton de l'Opéra-Comique.
(AVEC ACCOMPAGNEMENT D'ORCHESTRE)

DUOS

OPÉRETTES

M. DELVOYE et Mlle ROSALIA LAMBRECHT.

2614 **Le cœur et la main.** — Romance et duo. LECOCQ.
2635 **Grand Mogol.** — Dans ce beau palais de Delhi. AUDRAN.
2655 **La Mascotte.** — Duetto des dindons. AUDRAN.
2656 **La Mascotte.** — Quelle tournure, quel maintien. AUDRAN.
2692 **Véronique.** — Duo de l'escarpolette. MESSAGER.

M. DAVID DEVRIÈS
Ténor de l'Opéra-Comique.
(AVEC ACCOMPAGNEMENT D'ORCHESTRE)

OPÉRAS COMIQUES

2037 **La Bohême.** — Eh bien ! voilà, je suis poète. PUCCINI.
2593 **Werther.** — Un autre est son époux. PUCCINI.

M. DUPRÉ
Baryton de l'Opéra-Comique.
(AVEC ACCOMPAGNEMENT D'ORCHESTRE)

OPÉRA et OPÉRAS COMIQUES

2029 **Le Barbier de Séville.** — Air de la calomnie. ROSSINI.
2262 **Galathée.** — Tristes amours. V. MASSÉ.
2288 **Les Huguenots.** — Bénédiction des poignards. MEYERBEER.
2301 **La Jolie fille de Perth.** — Quand la flamme de l'amour. BIZET.

2304 **Le Jongleur de Notre-Dame.** — Tu seras pardonné. MASSENET.
2319 **Lakmé.** — Ton doux regard se voile (*Stances*). LÉO DELIBES.

M. DUTREIX
Ténor de l'Opéra.
(AVEC ACCOMPAGNEMENT D'ORCHESTRE)

OPÉRAS et OPÉRA-COMIQUE

2431 **La Damnation de Faust.** — Invocation à la Nature. BERLIOZ.
2838 **Sigurd.** — Air de Sigurd. REYER.
2839 **Werther.** — Invocation à la nature. MASSENET.

M. G. ELVAL
du Théâtre Royal de La Haye.
(AVEC ACCOMPAGNEMENT D'ORCHESTRE)

OPÉRETTE

2639 **Hans le joueur de flûte.** — Berceuse. GANNE.

M. GAUTIER
Ténor de l'Opéra.
(AVEC ACCOMPAGNEMENT D'ORCHESTRE)

OPÉRA et OPÉRAS COMIQUES

2136 **Les Dragons de Villars.** — Ne parle pas. MAILLART.
2309 **La Juive.** — Dieu que ma voix tremblante. HALÉVY.
2369 **Mignon.** — Elle ne croyait pas. A. THOMAS.

M. GHASNE
Baryton de l'Opéra-Comique.
(AVEC ACCOMPAGNEMENT D'ORCHESTRE)

OPÉRA et OPÉRAS-COMIQUES

2016 **L'Ame en peine.** — Depuis l'instant. FLOTOW.
2042 **Le Carillonneur de Bruges.** — Sonnez, sonnez ! GRISAR.

2140 **Le Farfadet.** — n dirait Oque tout sommeille. ADAM.
2361 **Messaline.** — Viens aimer. I. DE LARA.

M. GRESSE
Basse de l'Opéra.

(AVEC ACCOMPAGNEMENT DE PIANO)
OPÉRAS et OPÉRAS COMIQUES

2139 **L'Étoile du Nord.** — Pour fuir son souvenir. MEYERBEER.
2289 **Les Huguenots.** — Bénédiction des poignards. MEYERBEER.
2495 **Les Saisons.** — Chanson du blé. V. MASSÉ.
2511 **Le Songe d'une nuit d'été.** — Allons, que tout s'apprête. A. THOMAS.

DUOS
MM. GRESSE et VAGUET.

2841 **La Favorite.** — Duo du Ier acte. DONIZETTI.

M. MURATORE
Ténor de l'Opéra.

(AVEC ACCOMPAGNEMENT D'ORCHESTRE)
OPÉRAS et OPÉRAS COMIQUES

2102 **Cavalleria Rusticana.** — Brindisi (ACC{t} PIANO). MASCAGNI.
2491 **Roméo et Juliette.** — Salut ! tombeau. GOUNOD.
2527 **La Tosca.** — Le ciel luisait d'étoiles (ACC{t} PIANO). PUCCINI.
2590 **Werther.** — J'aurais sur ma poitrine. MASSENET.

M. NOTÉ
Baryton de l'Opéra.

(AVEC ACCOMPAGNEMENT D'ORCHESTRE)
OPÉRAS et OPÉRAS COMIQUES

2001 **Aben-Hamet.** — Air d'Aben-Hamet (*Reine, toi qu'Hamet salue*). TH. DUBOIS.

2005 **L'Africaine.** — Ballade de Nélusko. MEYERBEER.
2006 **L'Africaine.** — Fille des Rois. MEYERBEER.
2025 **Le Bal masqué.** — Ah ! c'est Dieu qui vous inspire (*Cantabile*). VERDI.
2026 **Le Bal masqué.** — Et c'est toi. VERDI.
2113 **Le Cid.** — C'est vous que l'on bénit. MASSENET.
2145 **Faust.** — Invocation. GOUNOD.
2146 **Faust.** — Mort de Valentin. GOUNOD.
2209 **La Favorite.** — Jardins de l'Alcazar. DONIZETTI.
2271 **Guillaume Tell.** — Prière (*Sois immobile*). ROSSINI.
2277 **Hamlet.** — Comme une pâle fleur. A. THOMAS.
2261 **Henri VIII.** — Qui donc commande ? SAINT-SAENS.
2285 **Hérodiade.** — Vision fugitive. MASSENET.
2331 **Lucie de Lammermoor.** — D'un amour qui me brave. DONIZETTI.
2377 **Mireille.** — Si les filles (*Couplets*). GOUNOD.
2384 **Néron.** — Hymen ! Hymen ! (*Épithalame*). RUBINSTEIN.
2408 **Patrie.** — Air de Rysoor (*C'est ici*). PALADILHE.
2485 **Rois de Paris.** — Chanson de Longnac. G. HUE.
2488 **Roméo et Juliette.** — Ballade de la Reine Mab. GOUNOD.
2516 **Le Tannhäuser.** — En contemplant cette assemblée (1er chant de Wolfram). R. WAGNER.
2517 **Le Tannhäuser.** — Concours des chanteurs (2e chant de Wolfram). R. WAGNER.
2519 **Le Tannhäuser.** — Romance de l'étoile. R. WAGNER.
2534 **La Traviata.** — Lorsqu'à de folles amours. VERDI.

M. NUIBO
Ténor de l'Opéra.

(AVEC ACCOMPAGNEMENT D'ORCHESTRE)
OPÉRAS et OPÉRAS COMIQUES

2022 **L'Attaque du moulin.** — Air de la sentinelle. BRUNEAU.
2033 **La Bohême.** — Eh bien ! voilà, je suis poète. PUCCINI.
2267 **Guillaume Tell.** — Accours dans ma nacelle. ROSSINI.

2317 Lakmé. — O divin mensonge.   Léo Delibes.
2341 Manon. — Ah ! fuyez, douce image.   Massenet.
2376 Mireille. — Mon cœur est plein d'un noir souci.   Gounod.

M. RENAUD
Baryton de l'Opéra.

(AVEC ACCOMPAGNEMENT DE PIANO)

OPÉRAS et OPÉRAS COMIQUES

2097 Carmen. — Air du Toréador.   Bizet.
2127 La Damnation de Faust. — Voici des roses.   Berlioz.
2210 La Favorite. — Léonor, viens.   Donizetti.
2484 Le Roi de Lahore. — Promesse de mon avenir.   Massenet.
2507 Sigurd. — Et toi, Freia.   Reyer.

M. RIGAUX
Baryton de l'Opéra-Comique.

(AVEC ACCOMPAGNEMENT D'ORCHESTRE)

OPÉRETTES

2609 Les Cloches de Corneville. — J'ai fait trois fois.   Planquette.
2650 La Mascotte. — Ces envoyés du Paradis.   Audran.

M. ROUSSELIÈRE
Ténor de l'Opéra.

(AVEC ACCOMPAGNEMENT D'ORCHESTRE)

OPÉRAS

2123 La Damnation de Faust. — Invocation à la nature.   Berlioz.
2151 Faust. — Salut, demeure chaste et pure.   Gounod.
2480 Le Roi d'Ys. — Vainement ma bien-aimée (*Aubade*).   E. Lalo.

M. SARDET
Ténor de la Gaîté-Lyrique.

(AVEC ACCOMPAGNEMENT D'ORCHESTRE)

OPÉRETTE

2693 La Veuve joyeuse. — Folle ivresse...   F. Lehar.

M. SOULACROIX
Baryton de l'Opéra-Comique.

(AVEC ACCOMPAGNEMENT DE PIANO)

OPÉRAS COMIQUES

2396 L'Ombre. — Quand je monte Cocotte.   Flotow.
2413 Paul et Virginie. — L'oiseau s'envole.   V. Massé.
2502 Si j'étais roi. — Dans le sommeil.   Adam.
2526 Le Timbre d'argent. — De Naples à Florence.   Saint-Saens.
2594 Zampa. — Douce jouvencelle.   Hérold.
2595 Zampa. — Que la vague écumante.   Hérold.
2596 Zampa. — Toi dont la grâce séduisante.   Hérold.

M. VAGUET
Ténor de l'Opéra.

(AVEC ACCOMPAGNEMENT D'ORCHESTRE)

OPÉRAS et OPÉRAS COMIQUES

2003 L'Africaine. — Air de Vasco de Gama.   Meyerbeer.
2032 Le Barbier de Séville. — Des rayons de l'aurore.   Rossini.
2101 Carmen. — La fleur que tu m'avais jetée.   Bizet.
2105 Cavalleria Rusticana. — Sicilienne.   Mascagni.
2115 Le Cid. — Prière.   Massenet.
2118 La Cloche du Rhin. — Ervine, écoute-moi.   S. Rousseau.
2122 La Damnation de Faust. — Air de Faust.   Berlioz.

2124	La Damnation de Faust. — Invocation à la nature.	Berlioz.	2401	Paillasse. — Pauvre Paillasse.	Leoncavallo.
2133	Don Juan. — Air d'Ottavio.	Mozart.	2410	Patrie. — Madrigal.	Paladilhe.
2782	Don Juan. — Sérénade.	Mozart.	2415	Paul et Virginie. — Par quel charme, dis-moi?	V. Massé.
2208	La Favorite. — Ange si pur.	Donizetti.	2468	Rigoletto. — Comme la plume au vent.	Verdi.
2213	La Favorite. — Un ange, une femme inconnue.	Donizetti.	2470	Rigoletto. — Qu'une belle pour quelques instants.	Verdi.
2223	La Flûte enchantée. — Jamais dans son rêve un poète.	Mozart.	2481	Le Roi d'Ys. — Vainement ma bien-aimée (Aubade).	E. Lalo.
2226	Fortunio. — La maison grise.	Messager.	2486	Roméo et Juliette. — Ah ! lève-toi, soleil.	Gounod.
2227	Fortunio. — Si vous croyez que je vais dire.	Messager.	2503	Si j'étais roi. — J'ignore son nom.	Adam.
2228	Le Freischütz. — Scène et air de Max (1re partie).	Weber.	2505	Sigurd. — Esprits gardiens.	Reyer.
			2514	Le Songe d'une nuit d'été. — Stances.	A. Thomas.
2229	Le Freischütz. — Scène et air de Max (2e partie).	Weber.	2528	La Tosca. — Le ciel luisait d'étoiles.	Puccini.
2264	Grisélidis. — Chanson d'Alain.	Massenet.	2589	Werther. — Invocation à la nature.	Puccini.
2279	Haydée. — Ah ! que la nuit est belle !	Auber.	2592	Werther. — Pourquoi me réveiller?	Massenet.
2282	Hérodiade. — Air de Jean.	Massenet.			
2299	Jocelyn. — Berceuse.	B. Godard.			

OPÉRETTES

2305	Joseph. — A peine au sortir de l'enfance.	Méhul.
2306	Joseph. — Vainement Pharaon.	Méhul.
2837	La Juive. — Rachel, quand du Seigneur (Acc^t piano).	C. Halévy.
2321	Lalla Roukh. — Ma maîtresse a quitté la tente.	F. David.
2322	Lohengrin. — Exhortation à Elsa (Ma confiance en toi s'est bien montrée).	R. Wagner.
2325	Lohengrin. — Récit du Graal.	R. Wagner.
2335	Maître Pathelin. — Je pense à vous.	Bazin.
2349	Manon. — Le rêve de Des Grieux.	Massenet.
2357	Martha. — Air des larmes.	Flotow.
2362	Miarka. — Cantique d'amour.	A. Georges.
2365	Mignon. — Adieu, Mignon, courage.	A. Thomas.
2370	Mignon. — Elle ne croyait pas.	A. Thomas.
2373	Mireille. — Anges du Paradis.	Gounod.
2382	Les Mousquetaires de la Reine. — Romance.	Halévy.
2392	Les Nuits persanes. — Air du cimetière.	Saint-Saëns
2393	Les Nuits persanes. — Air du sabre.	Saint-Saëns

2610	Les Cloches de Corneville. — Je regardais en l'air.	Planquette.
2611	Les Cloches de Corneville. — Va, petit mousse.	Planquette.
2616	La Fille de Madame Angot. — Elle est tellement innocente.	Lecocq.
2632	Le Grand Mogol. — Couplets du chou et de la rose.	Audran.
2643	Le jour et la nuit. — Sous le regard (Romance du 1er acte).	Lecocq.
2659	Les Mousquetaires au couvent. — Il serait vrai.	Varney.
2662	Orphée aux enfers. — Couplets du Roi de Béotie.	Offenbach.

DUOS

MM. VAGUET et ALBERS.

2383	La Muette de Portici. — Amour sacré de la Patrie.	Auber.

MM. VAGUET et BELHOMME.
2157 Faust. — Entrée de Méphisto. GOUNOD.
2158 Faust. — Entrée de Méphisto (suite). GOUNOD.
MM. VAGUET et GRESSE.
2841 La Favorite. — Duo du Ier acte (ACC^t PIANO). DONIZETTI.
M. VAGUET et Mlle JANE MARIGNAN.
2138 Les Dragons de Villars. — Moi, jolie ! MAILLART.
M. VAGUET et Mme VALLANDRI.
2159 Faust. — Laisse-moi contempler ton visage. GOUNOD.
2352 Manon. — Duo de la lettre. MASSENET.
2353 Manon. — Duo de la rencontre. MASSENET.
2379 Mireille. — O Magali ! GOUNOD.
2380 Mireille. — Vincenette à votre âge. GOUNOD.
2493 Roméo et Juliette. — Madrigal. GOUNOD.
2494 Roméo et Juliette. — Nuit d'hyménée. GOUNOD.
2581 Le Trouvère. — Scène du Miserere (avec CHŒURS). VERDI.

TRIOS
MM. VAGUET, DANGÈS et BELHOMME.
2160 Faust. — Trio du duel. GOUNOD.
MM. VAGUET, BELHOMME et Mme ALINE VALLANDRI.
2161 Faust. — Trio final. GOUNOD.

QUATUOR
MM. VAGUET, ALBERS, Mmes JANE MARIGNAN et BERIZA.
2471 Rigoletto. — Quatuor. VERDI.

M. VIGNEAU
Baryton de l'Opéra-Comique.
(AVEC ACCOMPAGNEMENT D'ORCHESTRE)

OPÉRAS et OPÉRAS COMIQUES
2027 Le Barbier de Séville. — Air de Figaro. ROSSINI.
2098 Carmen. — Air du Toréador. BIZET.
2147 Faust. — Mort de Valentin. GOUNOD.

2286 Hérodiade. — Vision fugitive. MASSENET.
2395 L'ombre. — Couplets de midi, minuit. FLOTOW.
2403 Le Pardon de Ploërmel. — Ah ! mon remords te venge. MEYERBEER.
2435 Richard Cœur de Lion. — O Richard, ô mon Roi. GRÉTRY.

DUOS
M. VIGNEAU et Mlle JANE MARIGNAN.
2137 Les Dragons de Villars. — Ah ! si j'étais dragon du roi. V. MASSÉ.
2391 Les Noces de Jeannette. — Allons ! je veux qu'on s'asseoie. V. MASSÉ.

Mlle MARY BOYER
Soprano de l'Opéra-Comique.
(AVEC ACCOMPAGNEMENT D'ORCHESTRE)

OPÉRAS COMIQUES
2266 Grisélidis. — Prière. MASSENET.
2387 Les Noces de Jeannette. — Cours, mon aiguille. V. MASSÉ.

Mme MARGUERITE CARRÉ
Soprano de l'Opéra-Comique.
(AVEC ACCOMPAGNEMENT DE PIANO)

DUOS
OPÉRA et OPÉRA COMIQUE
Mme MARGUERITE CARRÉ et M. LÉON BEYLE.
2350 Manon. — Duo de la lettre. MASSENET.
2351 Manon. — Duo de la rencontre. MASSENET.
2482 Le Roi d'Ys. — A l'autel, j'allais rayonnant. E. LALO.

Mlle CHAMBELLAN
Soprano de l'Opéra-Comique.

(AVEC ACCOMPAGNEMENT DE PIANO)

OPÉRA et OPÉRA COMIQUE

2292	Les Huguenots. — O beau pays de la Touraine.	MEYERBEER.
2329	Lucie de Lammermoor. — Air de la folie (*avec flûte*).	DONIZETTI.

Mlle MARGUERITE CHARPANTIER
Soprano de l'Opéra-Comique.

(AVEC ACCOMPAGNEMENT D'ORCHESTRE)

OPÉRAS et OPÉRAS COMIQUES

2272	Guillaume Tell. — Sombres forêts.	ROSSINI.
2366	Mignon. — Air de Titania.	A. THOMAS.
2386	Les Noces de Jeannette. — Air du rossignol.	V. MASSÉ.
2390	Les Noces de Jeannette. — Parmi tant d'amoureux.	V. MASSÉ.
2425	Le Pré-aux-Clercs — Jours de mon enfance (ACC^t VIOLON, par M. LEUNTJENS).	HÉROLD.
2475	Robert le Diable. — Robert, Robert, toi que j'aime.	MEYERBEER.

Mme MATHILDE COMÈS
Soprano de la Gaîté-Lyrique.

(AVEC ACCOMPAGNEMENT D'ORCHESTRE)

OPÉRAS

2004	L'Africaine. — Air du sommeil.	MEYERBEER.
2007	L'Africaine. — Scène du mancenillier.	MEYERBEER.
2283	Hérodiade. — Air de Salomé.	MASSENET.
2307	La Juive. — Air de Rachel.	HALÉVY.

DUOS
Mme MATHILDE COMÈS et M. AFFRE.

2008	L'Africaine. — O ma Sélika.	MEYERBEER.
2116	Le Cid. — O jours de ma première tendresse.	MASSENET.
2214	La Favorite. — Adieu, je dois fuir.	DONIZETTI.
2297	Les Huguenots. — Grand duo du IVe acte.	MEYERBEER.
2509	Sigurd. — Duo de la fontaine (IVe acte).	REYER.

Mme DELNA
Contralto de l'Opéra.

(AVEC ACCOMPAGNEMENT D'ORCHESTRE)

OPÉRAS et OPÉRAS COMIQUES

2024	L'Attaque du moulin. — Imprécations à la guerre.	BRUNEAU.
2099	Carmen. — L'amour est enfant de Bohême (ACC^t PIANO).	BIZET.
2103	Cavalleria Rusticana. — Romance de Santuza.	MASCAGNI.
2211	La Favorite. — O mon Fernand.	DONIZETTI.
2363	Miarka. — Hymne au soleil.	A. GEORGES.
2397	Orphée. — J'ai perdu mon Eurydice.	GLUCK.
2429	Le Prophète. — Ah ! mon fils (ACC^t PIANO).	MEYERBEER.
2497	Samson et Dalila. — Cantabile (Extrait du duo " *Mon cœur s'ouvre à ta voix* ").	SAINT-SAENS.
2584	La Vivandière. — Hymne à la liberté.	B. GODARD.
2585	La Vivandière. — Viens avec nous, petit (ACC^t PIANO).	B. GODARD.
2588	Werther. — Air des lettres.	MASSENET.

DUOS
Mme DELNA et M. ALBERT ALVAREZ.

2215	La Favorite. — Duo du IVe acte (ACC^t PIANO).	DONIZETTI.
2432	Le Prophète. — Duo du Ve acte (ACC^t PIANO).	MEYERBEER.

Mlle LÉO DEMOULIN
Soprano des Variétés.
(AVEC ACCOMPAGNEMENT D'ORCHESTRE)

OPÉRETTES

2600	Barbe-Bleue. — Couplets de la Boulotte.	OFFENBACH.
2603	Boccace. — Couplets du jardinier.	SUPPÉ.
2628	Gillette de Narbonne. — Couplets du dodo.	AUDRAN.
2651	La Mascotte. — Chanson du capitaine.	AUDRAN.
2667	La Périchole. — Griserie.	OFFENBACH.
2687	Véronique. — Couplets d'Estelle et Véronique.	MESSAGER.

DUOS
Mlle LÉO DEMOULIN et M. BERTHAUD.

2601	La Belle Hélène. — Duo du rêve.	OFFENBACH.
2621	La Fille de Madame Angot. — Duo de Clairette et Pitou.	LECOCQ.
2626	La Fille du Tambour-Major. — Duo du petit troupier.	OFFENBACH.
2630	Giroflé-Girofla. — Duo d'amour.	LECOCQ.
2636	La Grande-Duchesse de Gérolstein. — Chanson militaire.	OFFENBACH.
2637	La Grande-Duchesse de Gérolstein. — Couplets des mariés.	OFFENBACH.
2638	La Grande-Duchesse de Gérolstein. — Duo de la consigne.	OFFENBACH.
2644	Le Jour et la Nuit. — Duetto du IIe acte.	LECOCQ.
2648	Mam'zelle Nitouche. — Duo du paravent.	HERVÉ.
2657	Miss Helyett. — Duetto espagnol.	AUDRAN.
2669	La Périchole. — Duo de l'Espagnol et de la jeune Indienne.	OFFENBACH.
2670	La Périchole. — Séguidille.	OFFENBACH.
2675	Le Petit Faust. — Duo du martinet.	HERVÉ.
2676	Le Petit Faust. — Duo du Vaterland.	HERVÉ.

2681	La Petite Mariée. — Duo des larmes.	LECOCQ.
2682	La Poupée. — Duo de la caresse.	AUDRAN.
2683	La Poupée. — Duo de la séduction.	AUDRAN.

Mlle MARGUERITE D'ELTY
Soprano de l'Opéra.
(AVEC ACCOMPAGNEMENT D'ORCHESTRE)

OPÉRAS

2144	Faust. — Couplets de Siebel.	GOUNOD.
2290	Les Huguenots. — Cavatine du page.	MEYERBEER
2487	Roméo et Juliette. — Air du page.	GOUNOD.

OPÉRETTES

2606	Les Cloches de Corneville. — Chanson des cloches.	PLANQUETTE.
2607	Les Cloches de Corneville. — Couplets de Germaine.	PLANQUETTE.
2688	Véronique. — Couplets du IIIe acte.	MESSAGER.
2689	Véronique. — Ronde du IIe acte.	MESSAGER.

Mme EDMÉE FAVART
de la Gaîté-Lyrique.
(AVEC ACCOMPAGNEMENT D'ORCHESTRE)

OPÉRETTES

2617	La Fille de Madame Angot. — Je vous dois tout.	LECOCQ.
2624	La Fille du Tambour-Major. — Je suis la fille.	OFFENBACH.
2677	La petite Bohême. — Couplets de Mimi.	HIRSCHMANN
2678	La Petite Mariée. — Dans la bonne société.	LECOCQ.
2690	Véronique. — Petite dinde.	MESSAGER.

Mme FELTESSE-OSCOMBRE
Soprano du Théâtre de la Monnaie de Bruxelles.
(AVEC ACCOMPAGNEMENT D'ORCHESTRE)

OPÉRAS

2385	Les Noces de Figaro. — Romance du IIe acte.	MOZART.
2394	Obéron. — Barcarolle (*Strophe de la " Fille des Eaux "*).	WEBER.

Mlle KORSOFF
Soprano de l'Opéra-Comique.
(AVEC ACCOMPAGNEMENT D'ORCHESTRE)

OPÉRAS COMIQUES

2030	Le Barbier de Séville. — Air de Rosine.	ROSSINI.
2219	La Fille du régiment. — Oh ! transport, douce ivresse.	DONIZETTI.
2417	La Perle du Brésil. — Air du mysoli.	F. DAVID.

DUO
Mlle KORSOFF et M. BELHOMME.

2221	La Fille du régiment. — La voilà ! La voilà !	DONIZETTI.

Mme MARIE LAFARGUE
Soprano de l'Opéra.
(AVEC ACCOMPAGNEMENT D'ORCHESTRE)

OPÉRAS

2010	Aïda. — Grand air.	VERDI.
2143	Faust. — Ballade du Roi de Thulé.	GOUNOD.

Mlle ROSALIA LAMBRECHT
Soprano du Trianon-Lyrique.
(AVEC ACCOMPAGNEMENT D'ORCHESTRE)

OPÉRETTES

2846	L'Amour Tzigane. — Pourquoi cet air consterné (Couplets d'ARANY) (Ier acte).	F. LÉHAR.
2847	L'Amour Tzigane. — Valse des roses.	F. LÉHAR.
2848	L'Amour Tzigane. — Enfant timide (LIED) (IIe acte).	F. LÉHAR.
2602	Le Billet de Joséphine. — Éclat de rire.	A. KAISER.
2604	La Cigale et la Fourmi. — Ma mère, j'entends le violon.	AUDRAN.
2615	La femme à papa. — Couplets du champagne.	HERVÉ.
2842	La Marquise de Chicago. — Un baiser ! vous dans la roture (Couplet du rire).	EDY TOULMOUCHE.
2663	Orphée aux Enfers. — Hymne à Bacchus.	OFFENBACH.
2843	Trois amoureuses. — Guêpe au corset d'or (*Berceuse de la Guêpe*) (Ier acte).	F. LÉHAR.
2844	Trois amoureuses. — O roses d'autrefois (LIED) (IIe acte).	F. LÉHAR.
2845	Trois amoureuses. — Voici trois amoureuses (*Valse des trois amoureuses*) (IIIe acte).	F. LÉHAR.

DUOS
Mlle ROSALIA LAMBRECHT et M. BERTHAUD.

2641	Hans le joueur de flûte. — Duo du plaisir.	GANNE.

Mlle ROSALIA LAMBRECHT et M. CLERGUE.

2605	La Cigale et la Fourmi. — Duetto et couplets de l'oiselet.	AUDRAN.
2620	La Fille de Madame Angot. — Duetto du IIe acte.	LECOCQ.
2625	La Fille du Tambour-Major. — Duo du IIIe acte.	OFFENBACH.

2629 Gillette de Narbonne. — Rappelez-vous nos promenades. AUDRAN.
2631 Giroflé-Girofla. — Duo mauresque. LECOCQ.
2658 Miss Helyett. — Duetto du portrait. AUDRAN.
2664 Les P'tites Michu. — Rassurez-vous, Monsieur Gaston. MESSAGER.
2686 Rip. — Duo de la légende. PLANQUETTE.
2691 Véronique. — Duetto de l'âne. MESSAGER.

Mlle ROSALIA LAMBRECHT et M. DELVOYE.

2614 Le cœur et la main. — Romance et duo. LECOCQ.
2635 Le Grand Mogol. — Dans ce beau palais de Delhi. AUDRAN.
2655 La Mascotte. — Duetto des dindons. AUDRAN.
2656 La Mascotte. — Quelle tournure, quel maintien. AUDRAN.
2692 Véronique. — Duo de l'escarpolette. MESSAGER.

Mlle LAPEYRETTE
Soprano de l'Opéra.
(AVEC ACCOMPAGNEMENT D'ORCHESTRE)

2428 Le Prophète. — Ah ! mon fils. MEYERBEER.
2498 Samson et Dalila. — Cantabile (Extrait du duo " *Mon cœur s'ouvre à ta voix* "). SAINT-SAENS.

Mlle JANE MARIGNAN
Soprano de l'Opéra.
(AVEC ACCOMPAGNEMENT D'ORCHESTRE)

OPÉRETTES

2618 La fille de Madame Angot. — Marchande de marée. LECOCQ.
2619 La Fille de Madame Angot. — Les soldats d'Augereau. LECOCQ.
2684 Le Grand Mogol. — Valse du " Kiri-Kiribi ". AUDRAN.

2646 Mam'zelle Nitouche. — Couplets de " Babet et Cadet ". HERVÉ.
2654 La Mascotte. — Un baiser, c'est bien douce chose. AUDRAN.
2660 Les Mousquetaires au couvent. — Mon père, je m'accuse. VARNEY.
2668 La Périchole. — O mon cher amant, je te jure. OFFENBACH.
2672 Le Petit Duc. — Couplets de la guerre. LECOCQ.
2673 Le Petit Duc. — Enfin nous voici, ma petite. LECOCQ.
2674 Le Petit Duc. — Hélas ! elle a raison, ma chère. LECOCQ.

DUOS

Mlle JANE MARIGNAN et M. AFFRE.

2012 Aïda. — Je te revois enfin. VERDI.
2013 Aïda. — Mourir, ô toi si belle. VERDI.

Mlle JANE MARIGNAN et M. ALBERS.

2014 Aïda. — Tu verras cette terre. VERDI.

Mlle JANE MARIGNAN et M. BELHOMME.

2224 La Flûte enchantée. — Ton cœur m'attend. MOZART.
2427 Le Pré-aux-Clercs. — Les rendez-vous. HÉROLD.
2680 La Petite Mariée. — Duo de la lecture. LECOCQ.

Mlle JANE MARIGNAN et M. VAGUET.

2138 Les Dragons de Villars. — Moi, jolie ! MAILLART.

Mlle JANE MARIGNAN et M. VIGNEAU.

2137 Les Dragons de Villars. — Ah ! si j'étais dragon du roi. MAILLART.
2391 Les Noces de Jeannette. — Allons, je veux qu'on s'assoie. V. MASSÉ.

QUATUOR

Mmes JANE MARIGNAN, BERIZA, MM. VAGUET et ALBERS.

2471 Rigoletto. — Quatuor. VERDI.

Mlle MÉRENTIÉ
Soprano dramatique de l'Opéra-Comique.
(AVEC ACCOMPAGNEMENT D'ORCHESTRE)

OPÉRAS et OPÉRAS COMIQUES

2017	Ariane. — Ah ! le cruel.	MASSENET.
2114	Le Cid. — Pleurez, mes yeux (*Air de Chimène*).	MASSENET.
2142	Faust. — Ballade du Roi de Thulé (*Je voudrais bien savoir*).	GOUNOD.
2354	Marie-Magdeleine. — Air du IIIe acte (*O bien-aimé*).	MASSENET.
2368	Mignon. — Connais-tu le pays.	A. THOMAS.
2496	Salammbô. — Les colombes.	REYER.
2499	Samson et Dalila. — Cantabile (Extrait du duo " *Mon cœur s'ouvre à ta voix* ").	SAINT-SAENS
2518	Le Tannhäuser. — Prière d'Élisabeth.	R. WAGNER.
2529	La Tosca. — Prière.	PUCCINI.
2587	Werther. — Air des larmes.	MASSENET.

Mme JANE MÉREY
Soprano de l'Opéra-Comique.
(AVEC ACCOMPAGNEMENT DE PIANO)

OPÉRAS et OPÉRAS COMIQUES

2031	Le Barbier de Séville. — Air de Rosine.	ROSSINI.
2039	La Bohême. — On m'appelle Mimi.	PUCCINI.
2141	Faust. — Air des bijoux.	GOUNOD.
2217	La Fille du Régiment. — Couplets du 21e.	DONIZETTI.
2220	La Fille du Régiment. — Salut à la France.	DONIZETTI.
2222	La Flûte enchantée. — Air de Pamina.	MOZART.
2316	Lakmé. — Dans la forêt.	LÉO DELIBES.
2320	Lakmé. — Tu m'as donné le plus doux rêve.	LÉO DELIBES.
2336	Manon. — A nous les amours et les roses.	MASSENET.
2338	Manon. — Adieu notre petite table.	MASSENET.
2342	Manon. — Air de la séduction.	MASSENET.
2345	Manon. — Je marche sur tous les chemins.	MASSENET.
2346	Manon. — Je suis encore tout étourdie.	MASSENET.
2421	Philémon et Baucis. — O riante nature.	GOUNOD.
2522	Thaïs. — L'amour est une vertu rare.	MASSENET.
2523	Thaïs. — Dis-moi que je suis belle.	MASSENET.
2532	La Traviata. — Brindisi.	VERDI.
2033	Variations de Proch	PROCH.
2034	Variations de Proch (*suite*)	PROCH.

Mlle MERGUILLER
Soprano de l'Opéra-Comique.
(AVEC ACCOMPAGNEMENT DE PIANO)

OPÉRAS COMIQUES

2132	Le Domino noir. — Qui je suis ?	AUBER.
2260	Galathée. — Air de la coupe.	V. MASSÉ.
2501	Sapho. — Pendant un an, je fus ta femme.	MASSENET.

Mme MIRANDA
Soprano de l'Opéra.
(AVEC ACCOMPAGNEMENT D'ORCHESTRE)

OPÉRA et OPÉRAS COMIQUES

2314	Lakmé. — Air des clochettes.	LÉO DELIBES.
2407	Le Pardon de Ploërmel. — Valse de l'ombre.	MEYERBEER.
2535	La Traviata. — Pour jamais la destinée.	VERDI.
2035	Variations de Proch.	PROCH.

Mme MORLET
Soprano du Trianon-Lyrique.
(AVEC ACCOMPAGNEMENT D'ORCHESTRE)

OPÉRAS COMIQUES

2128	Les Diamants de la couronne. — Ah ! je veux briser ma chaîne.	AUBER.
2131	Le Domino noir. — La belle Inès fait florès (*Aragonaise*).	AUBER.
2327	Louise. — Depuis le jour où je me suis donnée.	G. CHARPENTIER.
2374	Mireille.—Heureux petit berger (*Cavatine*).	GOUNOD.
2414	Paul et Virginie.—Pardonnez-lui(*Romance*).	V. MASSÉ.
2416	Les Pêcheurs de perles. — Cavatine de Leïla (*Comme autrefois dans la nuit sombre*).	BIZET.
2418	Philémon et Baucis. — Ah ! si je redevenais belle.	GOUNOD.
2426	Le Pré-aux-Clercs. — Jours de mon enfance.	HÉROLD.
2518	Le Songe d'une nuit d'été. — Le voir ainsi (*Cavatine*).	A. THOMAS.

Mme MARIE THIÉRY
Soprano de l'Opéra-Comique.
(AVEC ACCOMPAGNEMENT D'ORCHESTRE)

OPÉRAS COMIQUES

2218	La Fille du régiment. — Il faut partir.	DONIZETTI.
2339	Manon.— Adieu notre petite table.	MASSENET.
2375	Mireille. — Heureux petit berger.	GOUNOD.

Mme ALINE VALLANDRI
Soprano de l'Opéra-Comique.
(AVEC ACCOMPAGNEMENT D'ORCHESTRE)

OPÉRAS et OPÉRAS COMIQUES

2265	Grisélidis. — Il partit au printemps.	MASSENET.
2315	Lakmé. — Air des clochettes.	LÉO DELIBES.
2318	Lakmé. — Pourquoi dans les grands bois.	LÉO DELIBES.
2328	Louise. — Depuis le jour où je me suis donnée.	G. CHARPENTIER.
2378	Mireille. — Valse chantée.	GOUNOD.
2479	Le Roi d'Ys. — Air de Rozenn.	E. LALO.
2510	Solange.—Combien j'ai douce souvenance.	G. SALVAYRE.
2531	La Traviata. — Air de la Traviata.	VERDI.

DUOS

Mme ALINE VALLANDRI et M. VAGUET.

2159	Faust. — Laisse-moi contempler ton visage.	GOUNOD.
2352	Manon. — Duo de la lettre.	MASSENET.
2353	Manon. — Duo de la rencontre.	MASSENET.
2379	Mireille. — O Magali !	GOUNOD.
2380	Mireille. — Vincenette à votre âge.	GOUNOD.
2493	Roméo et Juliette. — Madrigal.	GOUNOD.
2494	Roméo et Juliette. — Nuit d'hyménée.	GOUNOD.
2581	Le Trouvère. — Scène du Miserere (avec CHŒURS).	VERDI.

Mme ALINE VALLANDRI et M. BELHOMME.

2371	Mignon. — Duo des hirondelles.	A. THOMAS.

TRIO

Mme ALINE VALLANDRI, MM. VAGUET et BELHOMME.

2161	Faust — Trio final.	GOUNOD.

Mme X...
Soprano de l'Opéra.
(AVEC ACCOMPAGNEMENT D'ORCHESTRE)

OPÉRAS

2275	Hamlet. — Air de la folie.	A. THOMAS.
2293	Les Huguenots. — O beau pays de Touraine.	MEYERBEER.
2466	Rigoletto. — Air de Gilda.	VERDI.
2492	Roméo et Juliette. — Valse chantée.	GOUNOD.

CONCERT

M. BÉRARD (de 'Eldorado)
(AVEC ACCOMPAGNEMENT D'ORCHESTRE)

3000	Berceuse à Julot (*Chanson réaliste*).	GAVEL.
3001	Chargez.	MÉRELLY.
3002	Le Cœur tzigane (*Valse viennoise chantée*).	VERCOLLIER.
3003	Folie d'Amour (*Chanson dramatique*).	BOREL-CLERC.
3004	Gaby (*Romance*).	BOREL-CLERC.
3005	Les Gars de France (*Marche*).	LÉO-DANIDERFF.
3006	Le Loup de Mer	BOREL-CLERC.
3007	Marche-Aviation.	BERNIAUX.
3008	Le Moulin de Maître Jean.	BOREL-CLERC.
3009	La Musique qui passe (*Chanson-marche*).	GAUWIN-DARIS.
3010	L'Océan.	SPENCER.
3011	Soleil d'amour (*Marche chantée*).	BOREL-CLERC.
3012	Sylvia.	BOREL-CLERC.
3013	Un baiser de femme jolie (*Romance*).	GAVEL.
3014	La Valse des Ombres.	P. SEGO.
3015	Vous n'avez pas ça.	SPENCER.

M. BERGERET (du Casino de Paris)
(AVEC ACCOMPAGNEMENT D'ORCHESTRE)

3016	L'Amour au poulailler.	BOUSSAGOL.
3017	Ballade des petits poussins.	COMÈS.
3018	Le Charmeur des Tuileries.	BERGERET.
3019	Marius à Paris.	BERGERET.
3020	Métropolitain-Express.	COMÈS.
3021	Polka des Poulettes.	COMÈS.
3022	Tout à la Poulette.	COMÈS.

M.-B. BLOCH (Humoriste alsacien)

MONOLOGUES COMIQUES

3024	L'Enterrement de Krümoll	BLOCH.
3025	Étude sur le chat (*Grivois*).	BLOCH.
3026	Un pèlerinage à Saint-Stossarch (*Grivois*).	BLOCH.

M. BOISSIER (Comique marseillais)

MONOLOGUES COMIQUES

3027	Le Cocher Marseillais.	GERNY.
3028	Conférence sur l'amour (*Grivois*).	DENOLA-JOULLOT.
3029	La Création de la femme.	GRINDA-VAL.
3030	En Chasse (*Grivois*).	L. MAUPREY.
3031	Les fiancées terribles (*Grivois*).	PARAULT.
3032	Indiscrétion punie (*Monologue marseillais*).	J. COMBES et BOUSQUET.
3033	Les œufs d'éléphant (*Très grivois*).	MELLINGER-STERLING.
3034	La poule couveuse (*Très grivois*).	POUPON.
3035	Le truc de Pitalugue.	AGATHON.
3036	Le remède de l'Auvergnat.	DELORMEL.

Répertoire BOTREL
(AVEC ACCOMPAGNEMENT D'ORCHESTRE)

3296	Cœur de Chêne (*Légende bretonne*) (E. DURAND).	MARCELLY.
3337	Le Couteau (*Chanson*) (TH. BOTREL).	PERVAL.
2748	La Fileuse (*Chanson bretonne*) (TH. BOTREL).	VAGUET.
3081	Le Petit Grégoire (*Chanson*) (TH. BOTREL).	CHARLUS.

DUO

Mme PAULINE BERT et M. CHARLUS.

3088	Par le petit doigt (TH. BOTREL).

M. BRUANT (Chansonnier montmartrois)
(AVEC ACCOMPAGNEMENT D'ORCHESTRE)

CHANSONS RÉALISTES

3037	Ah! les salauds.	BRUANT.
3038	Aux Bat d'Af.	BRUANT.
3039	Aux Oiseaux (*Chanson de route avec bruits et chœurs*).	BRUANT.
3040	Chanson de la France.	BRUANT.
3041	Chanson des Michetons	BRUANT.
3042	Chant d'apaches (*Chanson*).	BRUANT.
3043	Le Chat noir (*Ballade*).	BRUANT.
3044	Le Cent-treizième de ligne (*Chanson de route*.)	
3045	Les grandes manœuvres (*Scène de la vie militaire*).	BRUANT.
3046	L'Infanterie de Marine (*Scène de la vie militaire*).	BRUANT.
3047	L'enterrement de belle-maman (*Chanson*).	BRUANT.
3048	Meunier, meunier, tu es cocu (*Chanson de route*).	BRUANT.
3049	Tu n'manieras pas mes tétons (*Chanson de route avec bruits et chœurs*).	BRUANT.
3050	Marche des dos.	BRUANT.
3051	La Noire (*Chanson de route*).	BRUANT.
3052	P'tit gris.	BRUANT.
3053	Les Petits Joyeux.	BRUANT.
3054	Ronde des marmites.	BRUANT.
3055	Serrez vos rangs!	BRUANT.
3056	Sur la route de Louviers (*Chanson de route*).	BRUANT.

M. CHARLESKY (de l'Alhambra)
(AVEC ACCOMPAGNEMENT D'ORCHESTRE)

CHANSONS TYROLIENNES

3057	Amour alsacien.	HAMEL.
3058	Ma Bergère.	NIVELET.
3059	Mon beau Tyrol.	CHARLESKY.
3060	Paris-Tyrol.	SAINT-SERVAN.
3061	Pinsonnette et Pinsonnet (ACC^t DE FLUTE).	SAINT-SERVAN.
3062	Réveil au Tyrol.	HAMEL.
3063	Le Roi des Tyroliens (*Valse tyrolienne*).	DEQUIN.
3064	Tyrolienne à Paris.	SAINT-SERVAN.
3065	Tyrolienne du Midi.	PROVANDIER.
3066	Le vieux pâtre.	SAINT-SERVAN.

DUOS
Par Monsieur et Madame Charlesky

3067	Demande en mariage.	CHARLESKY et SAINT-SERVAN.
3068	Le fruit défendu (*Duetto rustique*).	LETEURTRE.
3069	Joli menuet.	SAINT-SERVAN.
3070	Les petits cadeaux du berger.	CHARLESKY.

M. CHARLUS (de l'Alcazar)
(AVEC ACCOMPAGNEMENT D'ORCHESTRE)

CHANSONNETTES COMIQUES

3071	A la Martinique! (*Chanson nègre*).	G.-M. COHAN et CHRISTINÉ.
3072	Allons-y doucement (*Chanson-marche*).	SCOTTO-IZOIRD.
3073	La Baya (*Chanson chinoise*).	CHRISTINÉ.
3074	La Bourra (*Idylle auvergnate*).	NICOLAY.
3075	Ça va s'passer.	SPENCER.
3076	Cousine (*Idylle provençale*)...	A. VALSIEN.
3077	J'ai engueulé l' patron (*Chanson populaire*).	SPENCER.
3078	J'suis vaseux (*Chanson neurasthénique*).	SPENCER.
3079	On s'en contrefout (*Cri populaire*).	P. CODINI.
3080	La Pampille (*Chanson-danse*).	LÉO DANIDERFF.
3081	Le Petit Grégoire.	TH. BOTREL.
3082	Les petits cris suprêmes.	
3083	Philomène.	CHRISTINÉ.
3084	La Polka des Piqués.	R. GEORGES.
3085	Pourquoi elle se donne (*Chansonnette*).	P. CODINI.

3086 La Souris noire (*Chanson*).	Desmoulins.
3087 Le Tango argentin (*Chanson-danse*).	R. Desmoulins.

DUO

3088 Par le petit doigt !   Th. Botrel.
    M. Charlus et Mme Pauline Bert

SCÈNES DIALOGUÉES ET COMIQUES

3089 L'aveugle et le cul-de-jatte (*Saynète comique*).	Gerny.
3090 Le Candidat muet (*Scène comique avec piston*).	Charlus.
3091 Le Colonel du 603e à la répétition (*Scène dialoguée*).	M. Thoulouze.
3092 Deux bons copains (*Scène dialoguée*).	Geny.
3093 L'enterrement de Chapuzot (*Scène comique*).	Charlus.
3094 Période électorale (*Scène comique*).	Gerny.

CHANSONNETTES GRIVOISES

3095 C'est un locataire.	Scotto.
3096 Comme c'est bon.	Piccolini.
3097 Les Femmes qui en ont goûté.	Krier.

MONOLOGUES GRIVOIS

3098 As-tu vu l'amour.	Mailfaid-Lud.
3099 La Cachette de Rébecca.	Guéteville.
3100 La Femme honnête.	Amelet.
3101 Les Pilules de Groscollard.	Charlus.
3102 La visite.	XXX.

SCÈNES GRIVOISES DIALOGUÉES

3103 Chez le Photographe.   Charlus.
    M. Charlus et Mme Séviane.
3104 Le Couronnement de la Rosière.   XXX.
    M. Charlus et Mme Pauline Bert.

3105 Le Pédicure amoureux.   Charlus.
    M. Charlus et Mme Séviane.
3106 La Prière de Bébé.   Charlus.
    M. Charlus et Mme Pauline Bert.

MM. CHAVAT ET GIRIER (de la Scala)

SCÈNES COMIQUES DIALOGUÉES

3107 Bourgeois et domestique.	Chavat et Girier.
3108 L'Écho comique.	L. Halet.
3109 L'émotion d'un rendez-vous.	Chavat et Girier.
3110 L'ivrogne en bordée.	Chavat et Girier.
3111 Les prévenus rigolos.	Th. Aillaut.
3112 Trouflon et Truffard.	Chavat et Girier.

M. DALBRET (de l'Alhambra et des Ambassadeurs)
(AVEC ACCOMPAGNEMENT D'ORCHESTRE)

CHANSONS ET CHANSONNETTES

3113 Blonde aux yeux bleus.	Christiné.
3114 C'est la pluie.	L. Izoïrd.
3115 Cœur d'enfant.	Dalbret. Saint-Gilles.
3116 Le Déserteur ou "*Lettre d'un déserteur*" (*Chanson*).	L. Izoïrd et Mailfait.
3117 La Femme médecin (*Grivois*).	Christiné.
3118 Le joli fruit.	F. Vargues.
3119 Le Légionnaire.	L. Izoïrd.
3120 Mad'moisell' voulez-vous ?	V. Scotto.
3121 Le Marchand de sable (*Chanson*).	L. Izoïrd.

3122 La Mazurka des microbes (*Chanson satirique*). L. Izoïrd.
3123 Merci, bons Allemands (*Chanson satirique*). L. Izoïrd.
3124 Napolinata. P. Marinier et Léo Lelièvre.
3125 Ninon, voici des roses (*Chanson-valse*). Darien.
3126 Notre étoile. L. Izoïrd.
3127 Oh! ma poupée d'amour (*Chanson sur les motifs de " Beautiful Doll "*). E. Rosi.
3128 Pauvre France. L. Izoïrd et Mailfait.
3129 La Petit' bonn' femme (*Chansonnette*). Krier.
3130 La Tour Pointue (*Chanson-valse*). G. Krier.
3132 Les Trois Trottins. Gabaroche.
3133 La Valse chaloupée (*Valse chantée sur des motifs d'Offenbach*). Dubourg.
3134 Si vous n'en faites rien. L. Izoïrd et Elbé.

M. DARBON (le chanteur populaire marseillais)
(Avec accompagnement d'orchestre)

3135 C'est une valse populaire (*Chanson-valse*). Fauchery.
3136 La Marche de Paris (*Chanson-marche*). Popy.
3137 Valse brune (*Chanson-valse*). Krier.

DUOS
Par Monsieur Darbon et Madame Nodar

3138 Sous le clair de lune (*Chansonnette*). V. Scotto.
3139 Tout en rose (*Chant populaire*). V. Scotto.

M. DELMARRE (de l'Eldorado)
(Avec accompagnement d'orchestre)

3140 Le Tango parisien. Heintz.

M. DELMAS (des Concerts Parisiens)
(Avec accompagnement d'orchestre)

CHANSONS

3141 Mad'moiselle Sourire (*Chanson*). Krier.
3142 Ma Loulette (*Lettre d'un fils à son père*). Berniaux.

M. DICKSON (de la Scala)
(Avec accompagnement d'orchestre)

3143 Aimer, c'est pleurer (*Valse chantée*). Derouville et Bunel.
3144 Carmencita (*Habanera*). Franceschini.
3145 Le charme de ta voix (*Chanson*). Rosi.
3146 Hâtez-vous d'aimer (*Chanson-valse*). Schmaltzer.
3147 L'Heure suprême (*Valse tzigana chantée*). Rosi.
3148 Toc! Toc! c'est l'amour (*Chansonnette*). Derouville et Spencer.

M. KARL DITAN (de Parisiana)
(Avec accompagnement d'orchestre)

3149 L'Amour frappe à ta porte (*Chanson*). Codini.
3150 Coccinelle (*Chanson*). Christiné.
3151 J'ai trouvé une fleur (*Mélodie*). R. Georges.
3152 Lilly jolie (*Chansonnette*). Guitton.
3153 Une femme a passé par là. E. Gavel.

M. DRANEM (de l'Eldorado)
(Avec accompagnement d'orchestre)

CHANSONNETTES COMIQUES

3154 L'Accordéoni. Christiné.
3155 L'Amateur-Explorateur. Gélas et Christiné.

3156	L'Amour aux Oiseaux (*Monologue*).	GAVEL.
3157	Andouill's-marche.	PERPIGNAN.
3158	Avec mon ocarina.	R. GEORGES.
3159	Le Beau blond.	CHRISTINÉ.
3160	En 1820.	EUG. DÉDÉ.
3161	Folle complainte.	R. GEORGES.
3162	Les héritiers Balandard.	GRAMET.
3163	La Raie.	COMBES et BRIOLLET.
3164	La Petite Marguerite.	LAUDER et CHRISTINÉ.
3165	Manuel du Chauffeur.	SCOTTO.
3166	Mort aux Vaches.	CHRISTINÉ.
3167	Oh ! les valses lentes (*Valse époi...lente*).	TAILMOUCHE.
3168	Pom ! pom ! pom ! (*Chansonnette*)	GUTTINGUER.
3169	Ré (*Chansonnette*).	EGBERS.
3170	Rencontre fleurie (*Scène à parler*).	LUD.
3171	Sérénade mouillée.	PERPIGNAN.
3172	Tammany (*Chansonnette*).	MARGIS.
3173	T'en souviens-tu, Bichette.	CHRISTINÉ.
3174	Viens dans ma hutte (*Valse glacée*).	WILLY et REDSTONE.
3175	Voyage à Bâle.	CHAUDOIR.

M. DUFLEUVE (de la Scala)

(AVEC ACCOMPAGNEMENT D'ORCHESTRE)

CHANSONNETTES

3176	Disez-le (*Romance comique*).	GEORGES.
3177	J'ai l'allure (*Chansonnette militaire*).	L. HALET.
3178	Ma p'tite Nana (*Chansonnette comique*).	HELMER.
3179	Voulez-vous que j'vous l'fasse (*Chansonnette grivoise*).	GEORGES.

M. ET Mme DUPERREY DE CHANTLOUP
(des Concerts Parisiens)

(AVEC ACCOMPAGNEMENT D'ORCHESTRE)

3180	Quand refleuriront les roses (*Mélodie*).	H. ROBERTY.
3181	Si j'ai ton cœur.	BERNIAUX.
3182	Y a qu'les amoureux ! (*Diction à voix*).	H. ROBERTY.

DUO

3183	L'Amour à Séville.	G. GOUBLIER.

M. G. ELVAL (du Théâtre Royal de La Haye)

(AVEC ACCOMPAGNEMENT D'ORCHESTRE)

CHANSONS ET ROMANCES

3184	Chemineau, chemine !	DANIDERFF.
3185	Gaby (*Romance*).	BOREL-CLERC.
3186	Nuits de Naples (*Mélodie*).	GAMBARDELLA.
3187	Pardon ! (*Valse chantée*).	RICO.
3188	Le Père Ra-Fla (*Chanson-marche*).	DANGLAS.
3189	Le Rêve passe (*Chanson avec chœur*).	HELMER-KRIER.

LES ENARDS (Duettistes-Chanteurs populaires)

(AVEC ACCOMPAGNEMENT D'ORCHESTRE)

3190	L'Angélus de la mer.	LÉO DANIDERFF.
3191	La Marseillaise de l'aviation.	P. DUGAS.

M. FERRÉAL (de la Scala)

(AVEC ACCOMPAGNEMENT D'ORCHESTRE)

CHANSONS

3192	Myrtha (*Idylle napolitaine*).	L. HALET.
3193	Le Soldat (*Chanson militaire avec clairons*) (Paroles de Paul Déroulède).	G. CAUTLON.

M. JEAN FLOR (de Parisiana)
(AVEC ACCOMPAGNEMENT D'ORCHESTRE)

CHANSONS
3194 Écoutez votre cœur. — V. Scotto.
3195 Elle avait seize ans. — V. Scotto.
3196 Mirka la Gitane. — Colo et Bonnet.

M. FORTUGÉ (de la Scala)
(AVEC ACCOMPAGNEMENT D'ORCHESTRE)

CHANSONNETTES
3197 J'veux garder mon chapeau (*Chansonnette*). — G. Krier.
3198 Le Pâtre des Batignolles ou Abruti...rolienne. — L. Terret.

M. FRAGSON (de la Scala)
(L'ARTISTE S'ACCOMPAGNANT LUI-MÊME AU PIANO)

CHANSONNETTES
3199 Adieu, Grenade (*Romance*). — P. Heurion.
3200 Ah ! c'qu'on s'aimait.
3201 L'Amour boîteux. — Fragson.
3202 L'Assuré. — Fragson.
3203 Brin de vie (*Romance*). — Poncin.
3204 Ça va s'passer. — Spencer.
3205 Chez un Républicain. — Fragson.
3206 Comme aux premiers jours (*Valse chantée*). — Fragson et Tassin.
3207 Dernière chanson (*Romance sur un motif de la célèbre danse "Dans les Ombres"*). — Finck et Fragson.
3208 En avant, les p'tits gars ! — L.-J. Archaimbaud.

3209 Excuse-me ! (*Politesse Anglaise*). — Fragson.
3210 Le Flegme. — Del. Fragson.
3211 Hitchy-Kou (*Chanson sur les motifs de la célèbre danse américaine*). — Lewis F. Muir et M. Abrahams.
3212 Hop ! Eh ! Ah ! Di ! Ohé ! — A. Bosc et Flynn.
3213 L'Hôtesse. — G. Fragerolle.
3214 Je connais une Blonde (*Chansonnette sur les motifs de la nouvelle danse américaine*). — Ray et Goetz. Baldwin-Sloane.
3215 La Jolie Comédie (*Valse chantée*). — Byrec.
3216 Lettre tendre (*Romance*). — Fragson.
3217 Mariage aux Oiseaux. — F. Lincke.
3218 M'amour (*Valse lente*). — Fragson.
3219 Mimi taxi. — Spencer.
3220 Notre Président. — Fragson.
3221 La Pasisienne, y, a qu'ça (*Chanson-Marche*). — Fragson.
3222 Une Pointe de Champagne (*Valse chantée*). — Fragson.
3223 Pour elle (*Romance*). — J. Clérice.
3224 Pure comme les anges. — Fragson.
3225 Qu'est-ce qu'il y a ? — Fragson.
3226 Sérénade au pharmacien. — Del. Fragson.
3227 Si tu veux... Marguerite (*Chanson populaire*). — A. Valsien.
3228 Les soucoupes. — Fragson.
3229 Les souliers de ma voisine. — Fragson.
3230 Souvenirs de collage. — Fragson.
3231 Sympathique. — P. Lincke.
3512 Le thé Tango. — Berger.
3232 Le Toutou rusé. — Fragson.

M. FERNAND FREY (de la Cigale)
(AVEC ACCOMPAGNEMENT D'ORCHESTRE)

3233 Le Fauteuil 52 (*Monologue*). — Fernand Frey.
3234 Les Gaîtés du Téléphone (*Monologue*). — Fernand Frey.
3235 Un Monsieur qui bégaye (*Monologue*). — Fernand Frey.

M. GEORGEL (de l'Eldorado)
(AVEC ACCOMPAGNEMENT D'ORCHESTRE)

3236	A ta porte (*Lettre d'un amant*).	Christiné.
3513	Le Dernier Tango.	Doloire.
3237	Les jolis cheveux (*Chanson*).	Ch. Thuilliers Fils.
3238	Les lèvres sont jolies (*Chanson*).	Christiné.
3239	Le marchand de masques (*Scènes de la vie*).	J. Vercollier.
3240	Sa Muguette (*Idylle napolitaine*).	J. Closset et St-Gilles.
3241	La Petite horloge (*Valse vécue*).	J. Vercollier.
3242	Quand y a pas d'lune.	Paolini.
3243	Toute ma vie (*Mélodie*).	P. Codini.
3514	Sous les Ponts de Paris.	Scotto.

M. JOANYD (de Parisiana)

CHANSONS

3244	C'était une petite rose..................	Vargues.
3245	Myrella la jolie	Berniaux.

M. JUNKA (des Concerts Parisiens)
(AVEC ACCOMPAGNEMENT D'ORCHESTRE)

CHANSONS ET ROMANCES

3246	L'Amour s'envole (*Mélodie-Valse*).	Triandaphyl.
3247	L'Ame des Violons (*Valse tzigane*).	René de Buxeuil.
3248	Berceuse tendre (*Il fait si bon près de toi*).	Daniderff.
3249	C'est la vie, c'est l'amour.	Billaut.
3250	Conte de Noël (*Chanson naïve*).	Casabianca.
3251	Ferme tes jolis yeux (*Berceuse*).	René de Buxeuil.
3252	L'homme est un pantin (*Chanson vécue*).	Cadarocher

3253	Pantin d'amour.	Gavel et Desmoulins.
3254	Le plus joli rêve (*Mélodie*).	P. Arezzo.
3255	La Ronde des Baisers.	Ch. Jardin.
3256	Les Rubans de la vie (*Chanson vécue*).	Vercolier.

M. ALBERT KAROL (des Cinémas Parisiens)
(AVEC ACCOMPAGNEMENT D'ORCHESTRE)

3257	Hymne à l'aviation.	Marcas.
3258	Le Réveil des Aigles (*Chanson*).	R. Georges.

M. HENRI LÉONI (de la Boîte à Fursy)
(AVEC ACCOMPAGNEMENT D'ORCHESTRE)

MÉLODIES

3259	En passant devant ta maison.	Christiné.
3260	Je n'sais comment.	Karl Hoschna.
3261	Je te veux.	Fay. Templeton.
3262	Je sais que vous êtes jolie (*Mélodie*).	Christiné.
3263	Le long du Missouri (*avec chœurs*).	Christiné.
3264	Si vous n'étiez pas si jolie.	E. Mathé.

M. LÉRIE (de la Scala)
(AVEC ACCOMPAGNEMENT D'ORCHESTRE)

CHANSONNETTES GRIVOISES

3265	Les Femmes qu'a trop d'amour.	Christiné.
3266	Boubouche sensuelle.	L. Halet.
3267	Pantalon tout rond.	F. Vargues.

M. LYNEL (des Concerts Parisiens)
(AVEC ACCOMPAGNEMENT D'ORCHESTRE)

MÉLODIES

3268	Béguinette.	C. Attic.
3269	Cendrillonnette (*Chanson vécue*).	E. Spencer.

3270	Délire suprême (*Valse chantée*).		O. Lerichomme.
3271	N'implore plus (*Réponse à " J'implore " (Valse chantée)*).		O. Lerichomme.
3272	Sans toi (*Barcarolle-valse*).		Rico.
3273	Si tu veux (*Valse chantée*).		Rosi.

M. FRANCIS MANOËL (de la Pie qui chante)
(AVEC ACCOMPAGNEMENT D'ORCHESTRE)

MÉLODIES

3274	Je connais une blonde (*Sur les motifs de la nouvelle danse américaine*).		Ray Gœtz et Baldwin Sloane.
3275	La douce chanson.		A. Von Tilzer.
3276	Endors mon cœur (*Valse berceuse*).		Lemaire.
3277	La Femme est un trésor d'amour (*Chanson*).		E. Duclus.
3278	Quand on aime mieux ou " les Phases de l'Amour " (*Mélodie*).		E. Duclus.
3279	Serments de femme (*Mélodie-valse*).		Nilson et Fysher.
3280	Toujours t'aimer (*Mélodie-valse*).		D. Rhynal.

M. MANSUELLE (des Ambassadeurs)
(AVEC ACCOMPAGNEMENT D'ORCHESTRE)

CHANSONS ET CHANSONNETTES

3281	La Bora-Bora (*Chanson-danse australienne*).		Casabianca.
3282	La Bouss-bouss-mée (*Danse des baisers*).		Borel-Clerc.
3283	Le Cri du jour.		Favart.
3284	Cunégonde (*Chanson*).		Piccolini.
3285	Il a tout du ballot (*Refrain populaire*).		René de Buxeuil.
3286	Il est content, le chef de gare (*Chanson populaire*).		Gramet.
3287	Le Gamin de Paris.		Fragson.
3288	Mais voilà !................		Chantrier.

3289	Ne gueul'pas, Joséphine.............		Flament.
3290	Les sonneries du métier (*Scène militaire*)...		Doubis.
3291	Une fille aimante (*Grivois*).		Legay Lelièvre.
3292	Vas-y, Mélie.........................		J. Plaire.

M. MARCELLY (de la Gaîté-Rochechouart)
(AVEC ACCOMPAGNEMENT D'ORCHESTRE)

CHANSONS ET ROMANCES

3293	Alza Manolita (*Chanson espagnole*).		Léo Daniderff.
3294	L'Amour au Chili (*Chansonnette*).		Goublier.
3295	Berceuse aux Étoiles................		Vercollier.
3296	Cœur de chêne (*Légende bretonne*) (Rép. Th. Botrel)..................		E. Durand.
3297	Le cœur n'est pas un joujou (*Chanson*).		Guttinguer.
3298	Le Coup de l'Étrier (*Chanson*)......		Ch. de Bucovich.
3299	En avant les petits gars.		L. Archainbaud.
3300	Les fleurs que nous aimons (*Valse chantée*).		Crémieux.
3301	Les Grognards passent (*Chanson*).		Sablon.
3302	Hop ! Eh ! Ah ! Di ! Ohé ! (*Chanson populaire*).		Bosc et Flynn.
3303	A la France donnons des ailes (*Chanson*).		J. Sieulle.
3304	Marche à Ninon (ou : *Ah ! Ninon ! Ninon !*)		L. Daniderff.
3305	Marche des Parisiennes (*Sur les motifs de " la Veuve Joyeuse "*).		F. Lehar.
3306	Margot reste au village (*Chanson*).		Zévacot et Corbeau.
3307	La Mariolle (*Chanson*).		Berniaux.
3308	Mimi d'amour (*Chanson vécue*).		Vercollier.
3309	Mimosa-Mimosette.		Heintz.
3310	La Paimpolaise (*Chanson Répertoire Th. Botrel*).		Th. Botrel.
3311	Quand les Papillons (*Mélodie*).		Vercolier.

3312	Reviens (*Valse*).	H. Fragson et Christiné.	
3313	Je sais une étoile jolie (*Mélodie*).	Antréas.	
3314	Tu ne sauras jamais ! (*Valse chantée*).	J. Rico.	
3315	Votre baiser d'adieu (*Chanson-valse*).	Soler.	

M. MARTY (des Concerts Parisiens)
(AVEC ACCOMPAGNEMENT D'ORCHESTRE)

CHANSONS

3316	Les Gars du Pardon (*Chanson*).	P Weiller.
3317	Quand reviendront les hirondelles (*Mélodie-valse*).	L. Amohroux.

M. MAYOL (de la Scala)
(AVEC ACCOMPAGNEMENT D'ORCHESTRE)

CHANSONNETTES

3318	Allons mademoiselle.	Fechner.
3319	Amour de trottin.	Borel-Clerc.
3320	Amour de trottin (*suite*).	Borel-Clerc.
3321	Family-house.	Christiné.
3322	Le Printemps chante.	Poncin et Marinier.
3323	Le Printemps chante (*suite*).	Poncin et Marinier.
3324	Viens, poupoule.	Spalin.
3325	Viens, poupoule (*suite*).	Spalin.

Répertoire Montéhus
(AVEC ACCOMPAGNEMENT D'ORCHESTRE)

CHANSONS

3326	Deux ans pour tous.	Chantegrelet.
3327	La Fête à Jésus.	Chantegrelet et Doubis.
3328	Gloire au 17e.	Chantegrelet et Doubis.
3329	La Grève des mères.	Chantegrelet.
3330	Marche de la paix.	Chantegrelet.
3331	Le Père la révolte.	Jégu-Chantegrelet.
3332	Les Râfles.	Chantegrelet et Doubis.
3333	Les Sacrifiés.	Chantegrelet et Doubis.

M. PERVAL (de la Scala)
(AVEC ACCOMPAGNEMENT D'ORCHESTRE)

OPÉRETTE

3334	La Veuve Joyeuse. Du bon côté j'ai pris la vie. (Rondo de Danilo).	F. Lehar.

CHANSONS ET ROMANCES

3335	A dame jolie.	Codini.
3336	Au clair de la lune.	P. Marinier.
3337	Le Couteau (*Répertoire Th. Botrel*).	Th. Botrel.
3338	L'Honneur.	G. Maquis.
3339	L'Hôtesse (*tiré des "Chansons de France"*).	Fragerolle.
3340	J'ai trouvé une fleur.	R. Georges.
3341	Pastourelle poitevine.	L. Auguin.
3342	Quand l'amour meurt (*Valse chantée*).	Crémieux.
3343	Trahison.	R. Marie.
3344	Un peu d'amour ou La " P'tite femme qu'on adore ".	Gauwin.
3345	Les Vieilles larmes.	Millandy.

M. POLIN (de la Scala)
(AVEC ACCOMPAGNEMENT D'ORCHESTRE)

CHANSONS, CHANSONNETTES, MONOLOGUES, MILITAIRES ET COMIQUES

3346	Ça c'est l'amour.	CHRISTINÉ.
3347	Candeur virginale.	DESONNES.
3348	Le Délit d'adultère.	CHRISTINÉ et RIMBAULT.
3349	Histoire d'Anguille (*Grivoiserie*).	HALET et RIMBAULT.
3350	L'Invitation d'Amour.	CHRISTINÉ.
3351	Jules et moi.	CHRISTINÉ.
3352	La Noce d'Isabelle.	CHRISTINÉ et RIMBAULT.
3353	La Première revue.	CHRISTINÉ et BELHIATUS.
3354	C'que tu m'as fait.	CHRISTINÉ.
3355	Le Rendez-vous d'Élise.	SPENCER et BERETTA.
3356	Le Rigollot (*Chansonnette monologuée*).	CHRISTINÉ et RIMBAULT.
3357	Le Soldat aviateur (ou *Le Record de la hauteur*).	CHRISTINÉ.
3358	Sous Napoléon.	CHRISTINÉ.
3359	Les Trésors de ma bonne amie.	CHRISTINÉ.
3360	Les Troupiers de Marguerite (*Chanson de route*).	BRITTA.

M. RESCA (des Concerts Parisiens)
(AVEC ACCOMPAGNEMENT D'ORCHESTRE)

3515	Ah ! le beau rêve.	A. GAUWIN-DARIS.

3361	Le Chévrier d'amour.	LÉO DANIDERFF.
3362	Le Cœur de Gaby.	LÉO DANIDERFF.
3516	L'Homme qui rit.	AD. GAUWIN.

M. VILBERT (de Parisiana)
(AVEC ACCOMPAGNEMENT D'ORCHESTRE)

3363	Au métro (*Voyage comique*).	HALET.
3364	Le Béguin d'Ernestine (*Chansonnette*).	BECCUCI.
3365	Le Portrait de Victoire (*Chanson grivoise*).	PLAIRE-LUD.
3366	Sacrée famille (*Chansonnette militaire*).	STANISLAS.
3367	Le Rédempteur (*Chansonnette*).	CHRISTINÉ.
3368	Si t'y vas (*Chansonnette*).	BERNIAUX.

M. J. WILLEKENS ET Mme LÉONNE

SCÈNES DIALOGUÉES ET COMIQUES

3369	Chez le dentiste.	J. WILLEKENS.
3370	La Couveuse d'enfants.	J. WILLEKENS.
3371	La Joyeuse entrée (*Saynète*).	J. WILLEKENS.
3372	Le Te Deum (*Monologue*) (avec clairon).	ENTHOVEN.

M. J. Willekens

Mme PAULINE BERT (de Parisiana)
(AVEC ACCOMPAGNEMENT D'ORCHESTRE)

RONDES ENFANTINES

3373	La Bonne aventure. — Il était une Bergère.	CH. LEBOUC.
3374	Compère Guilleri. — Trempe ton pain.	CH. LEBOUC.
3375	Sur le Pont d'Avignon.	CH. LEBOUC.

DUO

3088	Par le petit Doigt (*Répertoire Th. Botrel*) Mme Pauline Bert et M. Charlus	TH. BOTREL.

SCÈNES GRIVOISES DIALOGUÉES

3104	Le Couronnement de la rosière.	XXX.
3106	La Prière de Bébé.	Charlus.
	Mme Pauline Bert et M. Charlus	

Mme GAUDET (des Concerts de Paris)
(AVEC ACCOMPAGNEMENT D'ORCHESTRE)

CHANSONS GRIVOISES

3376	L'Amour expliqué.	Krier.
3377	Indiscrétions musicales.	Doubis.
3378	Le Mariage du manchot.	Spencer.
3379	Le P'tit jeune homme.	Météhen.
3380	Retour de Paris.	Spencer.
3381	Soldes et occasions.	Fredly.

Mme YVETTE GUILBERT (Étoile des Concerts Parisiens)
(AVEC ACCOMPAGNEMENT DE PIANO)

CHANSONNETTES

3382	Les Demoiselles à marier.	Fragson.
3383	Les Demoiselles de pensionnat.	XXX.
3384	Fleur de berges.	Guilbert.
3385	Le Mollet de Rose.	Vargues.
3386	Partie carrée (*Grivois*).	De Lihus.
3387	Petit cochon.	Fragson.
3388	La Pocharde (*Chanson réaliste*).	Byrec.
3389	La Soularde (*Chanson réaliste*).	XXX.
3390	Les Vierges (*Chanson*).	Guilbert.
3391	Les Vieux Messieurs (*Monologue*).	Donnay.

Mme EMMA LIÉBEL (des Concerts Parisiens)
(AVEC ACCOMPAGNEMENT D'ORCHESTRE)

3392	Bonsoir m'amour.	A. Sablon.
3393	C'est toi m'amour (*Valse lente*)	L. Daniderff.
3394	Ceux qui aiment sont des fous.	V. Scotto.
3395	Nos Souvenirs (*Mélodie*).	R. Georges.
3517	Valsez ! jolies gosses (*Valse populaire*).	Benecque et Dumont.

Mme LANTHENAY (de la Scala)
(AVEC ACCOMPAGNEMENT D'ORCHESTRE)

CHANSONS ET CHANSONNETTES

3396	Amoureux voyage.	O. Cambon.
3397	Chandelle est morte (*Grivois*).	V. Scotto.
3398	La Diva de l'Empire.	Erick Satié.
3399	Il nous faut de l'amour (*Chanson-marche*)	Christiné.
3400	Marquis et valet.	Boussagol.
3401	Paris-printemps (*Chanson-marche*)	Nicoli.
3402	Un p'tit baiser.	Borel-Clerc.

Mlle ESTHER LEKAIN (de Parisiana)
(AVEC ACCOMPAGNEMENT D'ORCHESTRE)

3403	Lily (*Chansonnette*).	Christiné.
3404	Ma Miette (*Idylle provençale*).	V. Scotto.
3405	Mie jolie (*Chansonnette*).	G. Maquis.
3406	P'tit Savoyard (*Légende*).	E. Mathé.
3407	Prière d'enfant (*Chanson*).	V. Scotto.
3408	Sorellina (*Chanson napolitaine*).	Wittmann.

Mme MIETTE (La Cigale Parisienne)
(AVEC ACCOMPAGNEMENT D'ORCHESTRE)

CHANSONNETTES

3409 Le Panier d'Œufs. J. PONTIO.
3410 Les tout petits béguins. J. PONTIO.

Mme MIREPOIS (des Concerts Parisiens)
(AVEC ACCOMPAGNEMENT D'ORCHESTRE)

MÉLODIES

3411 J'aime ma mie. CHAPELLE.
3412 Le plus joli rêve. P. AREZZO.
3413 Si jamais. GAUWIN et DARIS.
3414 Ton cœur est un oiseau. P. AREZZO.

Mme NITTA-JO (de l'Alhambra)
(AVEC ACCOMPAGNEMENT D'ORCHESTRE)

CHANSONS ET CHANSONNETTES

3415 Au chant des binious. A. SABLON.
3416 Fille d'Espagne (Chanson-Marche). A. SABLON.
3417 Fioretta d'amore (" Fleur d'amour "). A. VALSIEN.
3418 Le Jeune homme du métro. DAREWSKY.
3419 La Tour pointue (Chanson-valse). G. KRIER.
3420 You-You sous les bambous (Chanson vécue). V. SCOTTO.

Mme ROLLINI (des Folies-Bergère)
(AVEC ACCOMPAGNEMENT D'ORCHESTRE)

CHANSONS TYROLIENNES

3421 La Chercheuse de clair de lune. LISBONNE.
3422 Les Deux amis (Tyrolienne du coucou). CHAILLIER.

3423 L'Enfant de la Forêt Noire. SCHILLIO.
3425 Le Pâtre des montagnes. PROVANDIER.

Mme CARMEN VILDEZ (de l'Eldorado)
(AVEC ACCOMPAGNEMENT D'ORCHESTRE)

MÉLODIES ET ROMANCES

3426 Adieu Mimi. R. BERGER.
3518 Aimer (Chanson napolitaine).. ALBERT DE CRISTOFARO.
3427 Ninon, je vous aime (Valse chantée sur les motifs de la célèbre valse " L'or et l'argent "). FRANZ LEHAR.
3428 Quand reviendront les hirondelles (Mélodie-valse). L. AMOUROUX.
3519 Le Tango de nos amours. C. ATTIC.
3429 La Valse de nos amours. P. AREZZO.

Dialectes et Patois

M. DARBON (Chanteur populaire Marseillais)
(AVEC ACCOMPAGNEMENT D'ORCHESTRE)

3430 A l'aïgo saou lei limaçouns (Chanson patoise). CHAPUIS-CIDALE.
3431 Lou Parasou (Chanson provençale). CHAPUIS.
3432 Si tu veux venir (Chanson provençale sur les motifs de " Se tu vuoi vénire "). CHAPUIS.

M. HERRIEU (Barde Breton)
(AVEC ACCOMPAGNEMENT D'ORCHESTRE)

3433 Er chistr nené. HERRIEU.
3434 Er hi ér hoénen. HERRIEU.
3435 Sounen er labourer doar. HERRIEU.

M. JAFFRENNOU "TALDIR" (Barde breton)
(AVEC ACCOMPAGNEMENT D'ORCHESTRE)

3437	Kanaouen ar Martolod (*Air populaire*).	HIRLEMANN.
3436	Malloz ar barz koz o vervel (*Air populaire*).	HIRLEMANN.
3438	Ma mestrez kollet (*Air populaire*).	HIRLEMANN.

M. LARDEAU (Chanteur Berrichon)
(AVEC ACCOMPAGNEMENT D'ORCHESTRE)

3439	Bergère chante.	J. RAMEAU.
3440	La Bourrée sous l'Orme.	KELSEN.
3441	Les Cloches (*Noël Berriaud*).	P. DUPIN.

M. MANESCAU (Ténor Béarnais)
(AVEC ACCOMPAGNEMENT D'ORCHESTRE)

3442	Aqueros mountinos (*Se Canté*) (*avec chœurs*).	G. PHŒBUS.
3443	Aquets adious (*Chanson Béarnaise*).	XXX.
3444	Doth cati dé Paü (*Romance en patois béarnais*).	LESPINE CONSTANTIN.
3445	Roussignoulet (*Chanson en patois béarnais*).	DESPOURRINS.
3446	La Toulousaino (*avec chœur*).	L. DEFFÈS.

Déclamation

M. RENÉ DELBOST (Professeur de déclamation)

3447	L'Aimable voleur.	NADAUD.
3448	Les Deux ménétriers.	J. RICHEPIN.
3449	Les Elfes.	LECOMTE DE L'ISLE.
3450	La Jeune veuve.	LA FONTAINE.
3451	A Ninon.	A. DE MUSSET.

M. DE FÉRAUDY (Sociétaire de la Comédie-Française)

3452	L'Ame d'un violon.	DE FÉRAUDY.
3453	Les Animaux malades de la peste (*Fable*).	LA FONTAINE.
3454	La Besace. — Le Laboureur et ses enfants (*Fables*).	LA FONTAINE.
3455	Les Cinq étages.	BÉRANGER.
3456	Le Dépit amoureux (*Tirade de gros René*).	MOLIÈRE.
3457	Le Disque et le train.	DE BORNIER.
3458	Les Fourberies de Scapin (*Scène des procès*).	MOLIÈRE.
3459	Le Médecin malgré lui.	MOLIÈRE.
3460	Le Paon.	DE CROISSET.
3461	Le Savetier et le Financier (*Fable*).	LA FONTAINE.

M. F. GALIPAUX (du Palais-Royal)

3462	Aux omnibus de la Trinité (*Récit dialogué*).	F. GALIPAUX.
3463	Communication téléphonique (*Scène comique*).	F. GALIPAUX.
3464	Deux épaves (*Saynète à deux personnages*).	F. GALIPAUX.
3465	Douleur ! (*Dialogue*).	F. GALIPAUX.
3466	En auto (*Saynète à deux personnages*).	F. GALIPAUX.
3467	Un rendez-vous (*Saynète à deux personnages*).	F. GALIPAUX.

Mme SUZANNE DESPRÈS (de la Comédie-Française)

3470	Du mouron pour les petits oiseaux.	J. RICHEPIN.
3471	Il était une fois jadis.	J. RICHEPIN.
3472	Phèdre (*Tirade du IVe acte*).	RACINE.
3473	Pour les pauvres petits pierrots. / Achetez mes belles violettes.	J. RICHEPIN.

Extrait
des
Chefs-d'Œuvre DE LA LITTÉRATURE FRANÇAISE

3474 Ballade des pauvres gens.	THÉODORE DE BANVILLE.	
3475 Bataille de Rocroy.	BOSSUET.	
3476 Le bourgeois gentilhomme.	MOLIÈRE.	
3477 Le bourgeois gentilhomme (suite).	MOLIÈRE.	
3478 Britannicus. — Néron à sa mère.	RACINE.	
3479 Le chat, la belette et le petit lapin.	LA FONTAINE.	
3480 Le Cygne.	BUFFON.	
3481 Cyrano de Bergerac (Les nez).	ED. ROSTAND.	
3482 Deux lettres sur sa statue.	VOLTAIRE.	
3483 Duel de Roland et d'Olivier.	BERTRAND.	
3484 Élection de son sépulcre.	RONSARD.	
3485 Les femmes savantes. — Chrysale.	MOLIÈRE.	
3486 Figaro.	BEAUMARCHAIS.	
3487 La laitière et le pot au lait.	LA FONTAINE.	
3488 La Légende du forgeron.	JEAN AICARD.	
3489 Lettre à Lamartine.	ALFRED DE MUSSET.	
3490 Lettre à Louis XIV.	FÉNELON.	
3491 Le Lièvre et la Tortue.	LA FONTAINE.	
3492 Les Lions crucifiés (Salammbô)	G. FLAUBERT.	
3493 Lorsque l'enfant paraît.	VICTOR HUGO.	
3494 Louis XI.	CASIMIR DELAVIGNE.	
3495 Maximes. — Lettre à sa fille.	Mme DE SÉVIGNÉ.	
3496 Moisson d'épées.	FRANÇOIS COPPÉE.	
3497 La mort du cheval.	VICTOR HUGO.	
3498 La mort du loup.	ALFRED DE VIGNY.	
3499 La mort du loup (suite).	ALFRED DE VIGNY.	
3500 Le président et le procureur.	DIDEROT.	
3501 Proclamation à l'armée d'Italie.	NAPOLÉON Ier.	
3502 Psyché. — Stances à la Marquise.	CORNEILLE.	
3503 Ruines de Rome.	DU BELLAY.	
3504 Satire.	BOILEAU.	
3505 Le Savetier et le Financier.	LA FONTAINE.	
3506 Sermon sur la Passion.	OLIVIER MAILLARD.	
3507 Le Singe qui montre la lanterne magique.	FLORIAN.	
3508 Les soldats de l'an II.	VICTOR HUGO.	
3509 Tristesse des bêtes.	JEAN RICHEPIN.	
3510 Une tempête (Harmonies).	BERNARDIN DE SAINT-PIERRE.	
3511 Les Vieux de la vieille.	THÉOPHILE GAUTIER.	

ORCHESTRE
Ouvertures
OPÉRAS, OPÉRAS COMIQUES et OPÉRETTES

3550 Le Barbier de Séville	(*Dir. Ruhlmann*).	Rossini.
3551 Le Caïd	(*Direction Amalou*).	A. Thomas.
3552 Le Calife de Bagdad	(*Dir. Ruhlmann*).	Boieldieu.
3553 Cavalerie légère	(*Direction Amalou*).	Suppé.
3554 Le Chalet	(*Dir. Ruhlmann*).	Adam.
3555 La Dame blanche	(*Direction Amalou*).	Boieldieu.
3556 Les Diamants de la Couronne	(*Direction Amalou*).	Auber.
3557 Le Domino Noir	(*Direction Amalou*).	Auber.
3558 La Giralda	(*Dir. Ruhlmann*).	Adam.
3559 Guillaume Tell. — Prélude.	(*Orch. Pathé Frères*).	Rossini.
3560 Guillaume Tell. — Ranz des vaches.	(*Orch. Pathé Frères*).	Rossini.
3561 Guillaume Tell. — L'Orage.	(*Orch. Pathé Frères*).	Rossini.
3562 Guillaume Tell. — Fanfare finale.	(*Orch. Pathé Frères*).	Rossini.
3563 Hans le Joueur de Flûte	(*Orch. Pathé Frères*).	Ganne.
3564 Mignon. — Introduction.	(*Direction Gille*).	A. Thomas.
3565 Mignon. — 2e partie.	(*Direction Gille*).	A. Thomas.
3566 La Muette de Portici	(*Dir. Ruhlmann*).	Auber.
3567 La Muette de Portici	(*Dir. César Bourgeois*).	Auber.
3568 La Muette de Portici. — Suite et fin.	(*Dir. César Bourgeois*).	Auber.
3569 Poète et Paysan. — 1re sélection.	(*Direction Amalou*).	Suppé.
3570 Poète et Paysan. — 2e Sélection.	(*Direction Amalou*).	Suppé.
3571 Le Roi d'Ys. — 1re partie.	(*Dir. Ruhlmann*).	E. Lalo.
3572 Le Roi d'Ys. — 2e partie. Solo de cor anglais.	(*Dir. Ruhlmann*).	E. Lalo.
3573 Ruy-Blas. — 1re partie.	(*Dir. César Bourgeois*).	Mendelssohn.
3574 Ruy-Blas. — 2e partie (suite et fin).	(*Dir. César Bourgeois*).	Mendelssohn.
3575 Le Tannhäuser. — 1re partie.	(*Direction Gille*).	R. Wagner.
3576 Le Tannhäuser. — 2e partie.	(*Direction Gille*).	R. Wagner.
3577 Le Voyage en Chine.	(*Direction Amalou*).	Bazin.
3578 Zampa. — 1re sélection.	(*Dir. Ruhlmann*).	Hérold.
3579 Zampa. — 2e sélection.	(*Dir. Ruhlmann*).	Hérold.

Fantaisies
OPÉRAS, OPÉRAS COMIQUES et OPÉRETTES

3580 L'Africaine. — Chœur des Évêques.	(*Direction Amalou*).	Meyerbeer.
3581 L'Africaine. — Airs de Nélusko et du Mancenillier.	(*Direction Amalou*).	Meyerbeer.
3582 L'Africaine. — Debout matelots.	(*Direction Amalou*).	Meyerbeer.
3583 Airs d'opéra anglais	(*Orch. Pathé Frères*).	Rachmaninoff.
3584 Le Baron Tzigane. — Pot pourri.	(*Direction Gille*).	I. Strauss.

ORCHESTRE (Suite).

N°	Titre	Direction	Compositeur
3585	Le Baron Tzigane. — Pot-pourri (suite).	(Direction Gille).	J. STRAUSS.
3586	Bouquet de mélodies. — Sur "Lucie de Lammermoor".	(Orch. Pathé Frères).	DONIZETTI.
3587	La Chaste Suzanne.— 1re sélection.	(Orch. Pathé Frères).	J. GILBERT.
3588	La Chaste Suzanne.— 2e sélection.	(Orch. Pathé Frères).	J. GILBERT.
3589	La Chaste Suzanne.— Marche.	(Orch. Pathé Frères).	J. GILBERT.
3590	La Chaste Suzanne.— Valse.	(Orch. Pathé Frères).	J. GILBERT.
3591	Le Comte de Luxembourg. — Luxembourg-valse.	(Orch. Pathé Frères).	F. LEHAR.
3592	Le Comte de Luxembourg. — Rondo-valse.	(Orch. Pathé Frères).	F. LEHAR.
3593	Le Comte de Luxembourg. — Luxembourg-marche.	(Orch. Pathé Frères).	F. LEHAR.
3594	Le Comte de Luxembourg. — Intermezzo (IIe acte).	(Orch. Pathé Frères).	F. LEHAR.
3595	Déjanire. — Prélude du Ier acte.	(Dir. César Bourgeois).	SAINT-SAENS.
3596	Déjanire. — Marche du cortège.	(Dir. César Bourgeois).	SAINT-SAENS.
3597	Déjanire. — Prélude du IIe acte.	(Dir. César Bourgeois).	SAINT-SAENS.
3598	Déjanire. — Chœur dansé. Divertissement.	(Dir. César Bourgeois).	SAINT-SAENS.
3599	La Divorcée.— Fragment du Ier acte.	(Orch. Pathé Frères).	LÉO FALL.
3600	La Divorcée. — Romance et air de la poupée.	(Orch. Pathé Frères).	LÉO FALL.
3601	La Divorcée. — Pot pourri.	(Orch. Pathé Frères).	LÉO FALL.
3602	La Divorcée. — Pot pourri (suite).	(Orch. Pathé Frères).	LÉO FALL.
3603	La Divorcée. — Marche finale du IIe acte.	(Orch. Pathé Frères).	LÉO FALL.
3604	La Divorcée. — Valse du IIe acte.	(Orch. Pathé Frères).	LÉO FALL.
3605	La Fille de l'Ouest doré. — 1re partie.	(Orch. symphonique Pathé Frères).	PUCCINI.
3606	La Fille de l'Ouest doré. — 2e partie.	(Orch. symphonique Pathé Frères).	PUCCINI.
3607	Le Freischütz.—Airs.	(Direction Gille).	WEBER.
3608	Le Freischütz.—Airs (suite).	(Direction Gille.)	WEBER.
3609	Hans le joueur de flûte. — Pas des poupées et finale.	(Orch. Pathé Frères).	GANNE.
3610	Lakmé.—Cortège de la déesse Dourgha.	(Dir. Ruhlmann).	LÉO DELIBES.
3611	Lakmé. — Scène de la Pagode.	(Dir. Ruhlmann).	LÉO DELIBES.
3612	Lakmé. — Scène du Marché et Patrouille.	(Dir. Ruhlmann).	LÉO DELIBES.
3613	Lohengrin. — Chœur des fiançailles.	(Direction Gille.)	R. WAGNER).
3614	Louise. — Prélude.	(Dir. Ruhlmann).	CHARPENTIER.
3615	Louise. — Marche de la Muse.	(Dir. Ruhlmann).	CHARPENTIER.
3616	Madame la lune. — Valse extraite de l'opérette.	(Direction Gille).	LINCKE.

ORCHESTRE *(Suite).*

3617 Manon. — Fragment du Iᵉʳ acte.	*(Dir. Ruhlmann).*	MASSENET.
3618 Manon. — Finale du IIIᵉ acte.	*(Dir. Ruhlmann).*	MASSENET.
3619 Manon. — Duo de la rencontre.	*(Dir. Ruhlmann).*	MASSENET.
3620 Manon. — Menuet.	*(Dir. Ruhlmann).*	MASSENET.
3621 Miss Gibbs. — Potpourri.	*(Orch. Pathé Frères).*	CARYLL.
3622 Miss Gibbs. — Potpourri (suite).	*(Orch. Pathé Frères).*	CARYLL.
3623 L'Or du Rhin. — Prélude.	*(Direction Gille).*	R. WAGNER.
3624 Philémon et Baucis.	*(Dir. Ruhlmann).*	GOUNOD.
3625 Philémon et Baucis. — Entr'acte et danse des Bacchantes.	*(Dir. Ruhlmann).*	GOUNOD.
3626 La Princesse Dollar. — Fantaisie.	*(Direction Gille).*	LÉO FALL.
3627 Le Prophète. — Prélude et mazurka.	*(Direction Amalou).*	MEYERBEER.
3628 Rêve de valse. — Fragment du Iᵉʳ acte.	*(Direction Gille).*	O. STRAUSS.
3629 Rêve de valse. — Valse.	*(Orch. tzigane Falk).*	O. STRAUSS.
3630 Sigurd. — Sélection.	*(Dir. César Bourgeois).*	REYER.
3631 Sigurd. — Sélection (suite et fin).	*(Dir. César Bourgeois).*	REYER.
3632 Le Soldat de Chocolat. — 1ʳᵉ sélection.	*(Orch. Pathé Frères).*	O. STRAUSS.
3633 Le Soldat de Chocolat. — 2ᵉ sélection.	*(Orch. Pathé Frères).*	O. STRAUSS.
3635 Le Tannhäuser — Entrée des convives.	*(Direction Gille).*	R. WAGNER.
3636 "The Quaker Girl". — Sélection (n° 1).	*(Orch. Pathé Frères).*	LIONEL MONCKTON.
3637 "The Quaker Girl". — Sélection (n° 2).	*(Orch. Pathé Frères).*	LIONEL MONCKTON.
3638 "The Quaker Girl". — Valse.	*(Orch. Pathé Frères).*	LIONEL MONCKTON.
3639 La Traviata. — Prélude.	*(Dir. Archainbaud).*	VERDI.
3640 La Traviata — Entr'acte.	*(Dir. Archainbaud).*	VERDI.
3641 Le Vaisseau fantôme. — Chœur des fantômes.	*(Direction Gille).*	R. WAGNER.
3642 Le Vaisseau fantôme. — L'Orage.	*(Direction Gille).*	R. WAGNER.
3643 La Veuve joyeuse. — Chanson de Vilja.	*(Orch. tzigane Falk).*	F. LEHAR.
3644 La Veuve joyeuse. — Marche des femmes.	*(Orch. tzigane Falk).*	F. LEHAR.
3645 La Veuve joyeuse. — Valse.	*(Orch. tzigane Falk).*	F. LEHAR.
3646 La Veuve joyeuse. — Valse.	*(Direction Gille).*	F. LEHAR.
3647 La Vivandière. — Fragment.	*(Direction Amalou).*	B. GODARD.
3648 La Vivandière. — Viens avec nous, petit.	*(Direction Amalou).*	B. GODARD.
3649 La Walkyrie. — Adieux de Wotan (1ʳᵉ partie).	*(Direction Gille).*	R. WAGNER.
3650 La Walkyrie. — Adieux de Wotan (2ᵉ partie).	*(Direction Gille).*	R. WAGNER.
3651 La Walkyrie. — Chevauchée.	*(Orch. Pathé Frères).*	R. WAGNER.

ORCHESTRE *(Suite).*

3652 **La Walkyrie.**—Flammes enchanteresses. *(Direction Gille).* R. WAGNER.

Marches de Concert

3653 **Aïda.** — Marche des trompettes. *(Orch. Pathé Frères).* VERDI.
3654 **La Damnation de Faust.** — Marche hongroise de Rackoczy. *(Direction Colonne).* BERLIOZ.
3655 **Lohengrin.**—Marche des fiançailles. *(Direction Colonne).* R. WAGNER.
3656 **Marche d'York.** *(Orch. Pathé Frères).* BEETHOVEN.
3657 **Marche des fantômes.** *(Dir. Ruhlmann).* RAUZATS.
3658 **Marche des Korrigans.** *(Orch. Pathé Frères).* ROPARTZ.
3659 **Marche du couronnement d'Édouard VII.** *(Dir. Ruhlmann).* SAINT-SAENS.
3660 **Marche funèbre.** *(Direction Colonne).* CHOPIN.
3661 **Marche funèbre d'une marionnette.** *(Direction Colonne).* GOUNOD.
3662 **Marche grecque.** *(Dir. César Bourgeois).* LOUIS GANNE.
3663 **Marche héroïque.** *(Dir. César Bourgeois).* SAINT-SAENS.
3664 **Marche héroïque.** — Suite et fin. *(Dir. César Bourgeois).* SAINT-SAENS.
3665 **Marche indienne.** *(Orch. Pathé Frères).* SELLÉNICK.
3666 **Marche miniature** *(Dir. Ruhlmann).* TCHAIKOVSKY.
3667 **Marche nuptiale.** *(Dir. Ruhlmann).* MENDELSSOHN.
3668 **Marche turque.** *(Direction Colonne).* MOZART.
3669 **Patrouille de cavalerie.** *(Orch. Pathé Frères).* J. GILBERT.
3670 **Patrouille turque.** *(Orch. Pathé Frères).* MICHAELIS.
3671 **Le Prophète.** — Marche du Sacre. *(Direction Amalou.).* MEYERBEER.

3672 **La Reine de Saba.** — Marche du cortège. *(Dir. Ruhlmann).* GOUNOD.
3673 **Ruines d'Athènes.**— Marche turque. *(Direction Colonne).* BEETHOVEN.
3674 **Savoïa Roma.** *(Orch. Pathé Frères).* CODINI.
3675 **Le Tannhäuser.** — Marche. *(Orch. Pathé Frères).* R. WAGNER.
3676 **Troisième marche aux flambeaux.** *(Dir. Ruhlmann).* MEYERBEER.

Airs de Ballets et Suites d'Orchestres

3677 **Air à danser.** *(Direction Ph. Flon).* PH. FLON.
3678 **L'Arlésienne.** — 1ʳᵉ suite. *(Direction Colonne).* BIZET.
3679 **L'Arlésienne.** — 2ᵉ suite. Intermezzo. *(Direction Colonne).* BIZET.
3680 **L'Arlésienne.** — 2ᵉ suite. Minuetto. *(Direction Colonne).* BIZET.
3681 **Ballet de Coppelia n° 1.** *(Orch. Pathé Frères).* LÉO DELIBES.
3682 **Ballet de Coppelia n° 2.** *(Orch. Pathé Frères).* LÉO DELIBES.
3683 **Ballet de Faust.** — Voir pages 11 et 12.
3684 **Ballet égyptien n° 1.** *(Direction Amalou).* A. LUIGINI.
3685 **Ballet égyptien n° 2.** *(Direction Amalou).* A. LUIGINI.
3686 **Ballet égyptien n° 3.** *(Direction Amalou).* A. LUIGINI.
3687 **Ballet égyptien n° 4.** *(Direction Amalou).* A. LUIGINI.
3688 **Ballet d'Henri VIII.** — Danse de la Gipsy. *(Driection Colonne).* SAINT-SAENS.
3689 **Ballet d'Isoline** — 1ʳᵉ partie. *(Dir. César Bourgeois).* MESSAGER.

ORCHESTRE (Suite).

N°	Titre	Direction	Compositeur
3690	Ballet d'Isoline. — 2ᵉ partie.	(Dir. César Bourgeois).	MESSAGER.
3691	Ballet d'Isoline. — 3ᵉ partie.	(Dir. César Bourgeois).	MESSAGER.
3692	Ballet d'Isoline. — Suite et fin.	(Dir. César Bourgeois).	MESSAGER.
3693	Ballet de Roméo et Juliette. — Voir page 26.		GOUNOD.
3694	Ballet de Sylvia. — Pizzicati.	(Dir. Ruhlmann).	LÉO DELIBES.
3695	Ballet de Sylvia. — Valse lente.	(Dir. Ruhlmann).	LÉO DELIBES.
3696	Ballet de Sylvia. — Valse lente.	(Direction Colonne).	LÉO DELIBES.
3697	La Colombe. — Entr'acte.	(Orch. symphonique Pathé Frères).	GOUNOD.
3698	Danse persane.	(Direction Ph. Flon).	E. GUIRAUD.
3699	Les Deux Pigeons. — Entrée des Tziganes.	(Dir. César Bourgeois).	A. MESSAGER.
3700	Les Deux Pigeons. — Pas des deux pigeons.	(Dir. César Bourgeois).	A. MESSAGER.
3701	Les Deux Pigeons. — Thème et variations.	(Dir. César Bourgeois).	A. MESSAGER.
3702	Les Deux Pigeons. — Divertissement.	(Dir. César Bourgeois).	A. MESSAGER.
3703	Les Deux Pigeons. — Danse.	(Dir. César Bourgeois).	A. MESSAGER.
3704	Les Deux Pigeons. — Finale.	(Dir. César Bourgeois).	A. MESSAGER.
3705	Les Érinnyes. — Divertissement.	(Dir. César Bourgeois).	MASSENET.
3706	Les Érinnyes — La Troyenne regrettant sa patrie.	(Dir. César Bourgeois).	MASSENET.
3707	Les Érinnyes. — Bacchanale.	(Dir. César Bourgeois).	MASSENET.
3708	Les Érinnyes. — Bacchanale (suite et fin).	(Dir. César Bourgeois).	MASSENET.
3709	La Féria. — Los Toros.	(Dir. César Bourgeois).	LACÔME.
3710	La Féria. — La Reja.	(Dir. César Bourgeois).	LACÔME.
3711	La Féria. — La Zarzuela.	(Dir. César Bourgeois).	LACÔME.
3712	La Gioconda. — Danse des heures (1ʳᵉ partie).	(Orch. Pathé Frères).	PONCHIELLI.
3713	La Gioconda. — Danse des heures (2ᵉ partie).	(Orch. Pathé Frères).	PONCHIELLI.
3714	Hérodiade. — Les Phéniciennes.	(Direction Colonne).	MASSENET.
3715	Hérodiade. — Les Gauloises.	(Direction Colonne).	MASSENET.
3716	La Korrigane. — Tempo di mazurka.	(Direction Colonne).	WIDOR.
3717	Mascarade n° 1.	(Orch. Pathé Frères).	LACÔME.
3718	Mascarade n° 2.	(Orch. Pathé Frères).	LACÔME.
3719	Mascarade n° 3.	(Orch. Pathé Frères).	LACÔME.
3720	Mascarade n° 4.	(Orch. Pathé Frères).	LACÔME.
3721	Mascarade n° 5.	(Orch. Pathé Frères).	LACÔME.
3722	Mignon. — Entr'acte.	(Dir. Ruhlmann).	A. THOMAS.
3723	Myosotis. — Valse du ballet.	(Direction Ph. Flon).	PH. FLON.
3724	Naïla. — Valse tirée du ballet.	(Orch. Pathé Frères).	LÉO DELIBES.
3725	Peer Gynt. — Le matin.	(Dir. Ruhlmann).	E. GRIEG.
3726	Peer Gynt. — La mort d'Ase.	(Direction Ph. Flon).	E. GRIEG.
3727	Peer Gynt. — La danse d'Anitra.	(Dir. Ruhlmann).	E. GRIEG.

ORCHESTRE *(Suite)*.

- 3728 **Peer Gynt.** — Dans le hall du roi de la montagne. *(Direction Ph. Flon)*. E. GRIEG.
- 3729 **Prélude de Salomé** *(Direction Amalou)*. MARIOTTE.
- 3730 **Scènes alsaciennes.** — Dimanche matin. *(Dir. César Bourgeois)*. MASSENET.
- 3731 **Scènes alsaciennes.** — Au Cabaret. *(Dir. César Bourgeois.)*. MASSENET.
- 3732 **Scènes alsaciennes.** — Dimanche soir. *(Dir. César Bourgeois)*. MASSENET.
- 3733 **Scènes alsaciennes.** — Dimanche soir (suite et fin). *(Dir. César Bourgeois)*. MASSENET.
- 3734 **Scènes alsaciennes.** — Sous les tilleuls (Soli de saxophone, clarinette et flûte). *(Dir. César Bourgeois)*. MASSENET.
- 3735 **Thaïs.** — Méditation. *(Orchestre tzigane)*. FALK.
- 3736 **Le Trouvère.** — III° acte (Voir page 32). VERDI.
- 3737 **Valse de féerie.** *(Direction Ph. Flon)*. PH. FLON.

Morceaux de Genre

- 3738 **C'que tu m'as fait.** *(Orchestre tzigane, direction Falk)*. CHRISTINÉ.
- 3739 **Cavalleria Rusticana.** — Intermezzo. *(Direction Gille)*. MASCAGNI.
- 3740 **Chanson bohémienne.** *(Orchestre tzigane, direction Falk)*. BOLDI.
- 3741 **Les Cloches du soir.** — Pastorale pour cloches. *(Orch. Pathé Frères)*. BELLANGER.
- 3742 **Contes.** *(Orch. symphonique, direction Strauss)*. KOMZAK.
- 3743 **Les Contes d'Hoffmann.** — Barcarolle. *(Orch. Pathé Frères)*. OFFENBACH.
- 3744 **Les Contes d'Hoffmann.** — Menuet et Barcarolle. *(Orch. Pathé Frères)*. OFFENBACH.
- 3745 **Dans les bois.** *(Orch. Pathé Frères)*. WALDTEUFEL.
- 3746 **Dans les ombres.** *(Orch. symphonique Pathé Frères)*. FURCK.
- 3747 **Danse de l'amour.** *(Orch. symphonique Pathé Frères)*. HOSCHNA.
- 3748 **Danse hongroise n°5.** *(Orch. symphonique, direction Colonne)*. BRAHMS.
- 3749 **Danse hongroise n°6.** *(Orch. symphonique direction Colonne)*. BRAHMS.
- 3750 **Danse macabre.** *(Dir. Ruhlmann)*. SAINT-SAENS.
- 3751 **Les Fleurs que nous aimons.** — Romance. *(Orchestre tzigane, direction Falk)*. CRÉMIEUX.
- 3752 **Impressions d'Italie.** — Sérénade. *(Dir. César Bourgeois)*. G. CHARPENTIER.
- 3753 **Impressions d'Italie.** — A la Fontaine. *(Dir. César Bourgeois)*. G. CHARPENTIER.
- 3754 **Impressions d'Italie.** — A Mules. *(Dir. César Bourgeois)*. G. CHARPENTIER.
- 3755 **Impressions d'Italie.** — Sur les cimes. *(Dir. César Bourgeois)*. G. CHARPENTIER.
- 3756 **L'Invitation à la valse.** *(Orch. symphonique, direction Colonne)*. WEBER.
- 3757 **Jocelyn.** — Scène du bal. *(Orch. symphonique, direction Colonne)*. B. GODARD.
- 3758 **Martin et Martine.** — Fantaisie avec cloches. *(Orch. Pathé Frères)*. CHAULIER.
- 3759 **Mon bijou.** — Intermezzo. *(Orch. Pathé Frères)*. LEPAIGE.

ORCHESTRE *(Suite)*.

3760 On carillonne à Saint-Quentin. — Fantaisie avec cloches. *(Orch. Pathé Frères).* CANTELON.

3761 **La Paloma.** — Avec xylophone et tubophone. *(Orch. Pathé Frères).* CORBIN.

3762 **2ᵉ Symphonie en ré.** — 1ᵉʳ mouvement, adagio molto allegro con brio. *(Orch. symphonique, direction Ruhlmann).* VAN BEETHOVEN.

3763 **2ᵉ Symphonie en ré.** — Suite n° 1 du 1ᵉʳ mouvement, allegro con brio. *(Orch. symphonique, direction Ruhlmann).* VAN BEETHOVEN.

3764 **2ᵉ Symphonie en ré.** — Suite n° 2 du 1ᵉʳ mouvement, 2ᵉ mouvement, larghetto. *(Orch. symphonique, direction Ruhlmann).* VAN BEETHOVEN.

3765 **2ᵉ Symphonie en ré.** — Suite n° 1 du 2ᵉ mouvement, larghetto. *(Orch. symphonique, direction Ruhlmann).* VAN BEETHOVEN.

3766 **2ᵉ Symphonie en ré.** — Suite n° 2 du 2ᵉ mouvement, larghetto. *(Orch. symphonique, direction Ruhlmann).* VAN BEETHOVEN.

3767 **2ᵉ Symphonie en ré.** — Suite n° 3 du 2ᵉ mouvement, larghetto. *(Orch. symphonique, direction Ruhlmann).* VAN BEETHOVEN.

3768 **2ᵉ Symphonie en ré.** — 3° mouvement, scherzo. *(Orch. symphonique, direction Ruhlmann).* VAN BEETHOVEN.

3769 **2ᵉ Symphonie en ré.** — 4° mouvement, allegro molto. *(Orch. symphonique, direction Ruhlmann).* VAN BEETHOVEN.

3770 **2ᵉ Symphonie en ré.** — Suite du 4ᵉ mouvement. *(Orch. symphonique, direction Ruhlmann).* VAN BEETHOVEN.

3771 **5ᵉ Symphonie en ut mineur.** — 1ᵉʳ mouvement, allegro con brio. *(Orch. symphonique, direction Ruhlmann).* VAN BEETHOVEN.

3772 **5ᵉ Symphonie en ut mineur.** — Suite du 1ᵉʳ mouvement, allegro con brio. *(Orch. symphonique, direction Ruhlmann).* VAN BEETHOVEN.

3773 **5ᵉ Symphonie en ut mineur.** — 2ᵉ mouvement andante con molto. *(Orch. symphonique, direction Ruhlmann).* VAN BEETHOVEN.

3774 **5ᵉ Symphonie en ut mineur.** — Suite du 2ᵉ mouvement, andante con molto. *(Orch. symphonique, direction Ruhlmann).* VAN BEETHOVEN.

3775 **5ᵉ Symphonie en ut mineur.** — Suite n° 2 du 2ᵉ mouvement, andante con molto. *(Orch. symphonique, direction Ruhlmann).* VAN BEETHOVEN.

3776 **5ᵉ Symphonie en ut mineur.** — 3ᵉ mouvement, allegro. *(Orch. symphonique, direction Ruhlmann).* VAN BEETHOVEN.

3777 **5ᵉ Symphonie en ut mineur.** — Suite nᵒˢ 1 et 2 du 3ᵉ mouvement, allegro. *(Orch. symphonique, direction Ruhlmann).* VAN BEETHOVEN.

3778 **5ᵉ Symphonie en ut mineur.** — Suite nᵒˢ 3 et 4 du 3ᵉ mouvement, allegro. *(Orch. symphonique, direction Ruhlmann).* VAN BEETHOVEN.

ORCHESTRE (Suite).

N°	Titre	Orchestre	Compositeur
3779	5ᵉ Symphonie en ut mineur. — Suite n° 5 du 3ᵉ mouvement, allegro.	(Orch. symphonique, direction Ruhlmann).	VAN BEETHOVEN.
3780	La Voix des cloches.	(Orch. Pathé Frères).	A. LUIGINI.

VALSES

N°	Titre	Orchestre	Compositeur
3781	Amour et Printemps.	(Orch. Pathé Frères).	WALDTEUFEL.
3782	L'Amour tzigane.	(Orch. tzigane hongrois).	XXX.
3783	Amoureuse.	(Orch. tzigane hongrois).	BERGER.
3784	Le Baiser. — Valse lente.	(Orch. tzigane, dir. Falk).	CRÉMIEUX.
3785	La Belle de New-York.	(Orch. Pathé Frères).	KERKER.
3786	Captivante.	(Orch. tzigane hongrois).	XXX.
3787	Le Cœur tzigane.	(Orch. tzigane hongrois).	VERCOLIER.
3604	La Divorcée. — Valse du IIᵉ acte.	(Orch. Pathé Frères).	LÉO FALL.
3789	Espana. — Valse espagnole.	(Orch. Pathé Frères).	CHABRIER-WALDTEUFEL.
3790	L'Estudiantina.	(Orch. Pathé Frères).	WALDTEUFEL.
3791	Fascination.	(Orch. tzigane hongrois).	MARCHETTI.
3792	Faust. — Valse.	(Orch. Pathé Frères).	GOUNOD.
3793	Hâtez-vous d'aimer.	(Orchestre tzigane).	SCHMALTZER.
3794	La Housarde. — Valse militaire.	(Direction A. Bosc).	GANNE.
3795	Juanita.	(Orch. Pathé Frères).	CAIRANNE.
3796	Loin du bal. — Valse lente.	(Orch. Pathé Frères).	E. GILLET.
3797	Malgré toi.		J. RICO.
3798	L'Or et l'argent.	(Orch. symphonique Pathé Frères).	F. LEHAR.
3799	Le P'tit bleu.	(Orch. tzigane hongrois).	L. DE WENZEL.
3800	Puppchen-Walzer. — Valse de la fée poupée.	(Orch. tzigane hongrois).	BAYER.
3801	Quand l'amour meurt. — Valse lente.	(Orch. Pathé Frères).	CRÉMIEUX.
3802	Santiago. — Valse espagnole.	(Orch. Pathé Frères).	CORBIN.
3803	La Sprée. — Sur les motifs de : " Ah ! qu'on est bien, Mademoiselle ".	(Orch. Pathé Frères).	HOLLAENDER.
3804	La Vague.	(Orch. Pathé Frères).	O. MÉTRA.
3805	Valse Banffy.	(Orch. tzigane hongrois).	XXX.
3806	Valse bleue.	(Orch. Pathé Frères).	MARGIS.
3807	Valse de l'amour du tzigane.	(Orch. tzigane hongrois).	XXX.
3808	Valse mauve.	(Orch. tzigane hongrois).	XXX.
3809	La Veuve joyeuse. — Valse.	(Orch. tzigane, dir. Falk).	F. LEHAR.

POLKAS

N°	Titre	Orchestre	Compositeur
3810	L'Amour qui rit. — Polka-marche.	(Direction A. Bosc).	CHRISTINÉ.
3811	La Baya. — Polka chinoise.	(Orch. Pathé Frères).	CHRISTINÉ.
3812	Gais refrains militaires. — Polka-marche.	(Orch. Pathé Frères).	DRUMNER.
3813	Ninette.	(Direction A. Bosc).	CHRISTINÉ.
3814	La Paraguay. — Polka espagnole.	(Orch. Pathé Frères).	J. WALDWERDE FILS.
3815	Polka des chasseurs. — Avec cloches.	(Orch. Pathé Frères).	WITTMANN.
3816	Polka des clairons.	(Orch. Pathé Frères).	E. BRUN.
3817	Si tu veux... Marguerite.	(Direction A. Bosc).	VALSIEN.

ORCHESTRE *(Suite)*.

MAZURKAS

3818	A la Hongroise.	*(Direction A. Bosc).*	G. GOUBLIER.
3819	La Belle Ostendaise.	*(Orch. Pathé Frères).*	HEMMERLÉ.
3820	La Czarine.	*(Orch. Pathé Frères).*	GANNE.
3821	Douce tendresse.	*(Direction A. Bosc).*	H. PARADIS.
3822	La Mousmé.	*(Orch. Pathé Frères).*	GANNE.

SCOTTISHS

3823	Anita.	*(Orch. Pathé Frères).*	KESSEBS.
3824	L'Auberge polonaise.	*(Orch. Pathé Frères).*	GILBERT.
3825	L'Héroïne de Beauvais.	*(Orch. Pathé Frères).*	WITTMANN.
3826	Perruche et perroquet.	*(Orch. Pathé Frères).*	CORBIN.
3827	La Petite Barmaid. — Tiré de " *Grigri* ".	*(Orch. Pathé Frères).*	LINCKE.

BERLINES

3828	Berline française.	*(Orch. Pathé Frères).*	SAMBIN.
3829	Verveine.	*(Orch. Pathé Frères).*	ANDRIEU.

BOURRÉES

3830	L'Auvergnate. — Mazurka-bourrée.	*(Orch. Pathé Frères).*	GANNE.
3831	Bourrée auvergnate.	*(Orch. Pathé Frères).*	THOMAS.
3832	Bourrées du Vélay.	*(Orch. Pathé Frères).*	THOMAS.
3833	En Auvergne.	*(Orch. Pathé Frères).*	MARIUS.

PAS DE QUATRE

3834	Pas de quatre.	*(Orch. Pathé Frères).*	MEYER-LUTZ.
3835	Trèfle incarnat.	*(Orch. Pathé Frères).*	ANDRIEU.

PAS DES PATINEURS

3836	Cyclamen.	*(Orch. Pathé Frères).*	ANDRIEU.
3837	Pas des patineurs.	*(Orch. Pathé Frères).*	JOUVE.

DANSES ÉTRANGÈRES ET ORIGINALES

3838	Alexandre. — Danse de l'Ours.	*(Orch. Pathé Frères).*	IRVING-BERLIN.
3839	Le Célèbre Pas de l'Ours.	*(Orch. Pathé Frères).*	BERLIN et SALABERT.
3840	Danse des bouges londoniens.	*(Orch. Pathé Frères).*	G. GOUBLIER.
3841	Danse du Paraguay.	*(Orchestre tzigane, direction Falk).*	VALVERDE FILS.
3842	Krakoviak. — Danse russe.	*(Orch. Pathé Frères).*	GROSS.
3843	La Kraquette. — Danse américaine.	*(Orch. Pathé Frères).*	CLÉRICE.
3844	La Mattchiche ou le Polo. — Danse espagnole.	*(Direction A. Bosc).*	A. BOSC.
3845	Nouveaux pas d'Espagne.	*(Orch. Pathé Frères).*	DAWINGOFF.
3846	The Brooklyn Cake-Walk. — Danse américaine.	*(Orch. Pathé Frères).*	THURBAN.
3847	Le Vrai Cake-Walk. — Danse américaine.	*(Direction A. Bosc).*	DEQUIN.

TANGOS

3848	Caramba.	*(Direction Gascon).*	R. GASCON.
3849	Cascaés.	*(Orch. symphonique, direction André).*	V. DESTROST.
3850	Célèbre et véritable Maxixe brésilienne.	*(Direction A. Bosc).*	SALABERT.
3851	Chupa-Chupa.	*(Direction Gascon).*	R. GASCON.
3852	La Chola.	*(Orch. Pathé Frères).*	R. FUPO.
3853	Don Juan.	*(Orch. Pathé Frères).*	PONZIO.
3854	La Gaucha.	*(Orch. symphonique, direction R. André).*	A. DELBRUCK.

ORCHESTRE *(Suite)*.

N°	Titre	Orchestre	Auteur
3855	El Irresistible.	*(Orch. Pathé Frères)*.	LOGATTE.
3856	Joaquina. — Célèbre tango argentin.	*(Direction A. Bosc)*.	BERGAMINO.
3857	Magic-Tango.	*(Orch. symphonique, direction R. André)*.	R. ANDRÉ.
3858	Ma Négresse.	*(Orch. Pathé Frères)*.	L. CORRETIER.
3859	La Pampille. — Nouvelle danse.	*(Dir. A. Bosc)*.	LÉO DANIDERFF.
3860	El Punga.	*(Orch. Pathé Frères)*.	TULASNE.
3861	Tango argentino.	*(Orch. Pathé Frères)*.	J. VALVERDE.
3862	El Tigre.	*(Orch. Pathé Frères)*.	A. GOBBI.
3863	Le Vrai Tango argentin.	*(Direction A. Bosc)*.	A.-G. VILLOLDO.
3864	Le Vrai Tango brésilien amapa.	*(Orch. symphonique, direction R. André)*.	J. STORONI.
3865	Vénus.	*(Orch. symphonique, direction R. André)*.	BEVILACQUA.

TWO STEP

N°	Titre	Orchestre	Auteur
3866	A la Martinique.	*(Orch. Pathé Frères)*.	CHRISTINÉ et G.-M. COHAN.
3867	English's Succès.	*(Orch. Pathé Frères)*.	COHAN.
3868	Hitchy-Kou.	*(Orch. Pathé Frères)*.	H.-E. PÉTHER.
3869	Le Long du Missouri.	*(Orch. Pathé Frères)*.	CHRISTINÉ.
3870	Mississipi. — One Step.	*(Orch. symphonique, direction R. André)*.	CAROLL et FIELDS.
3871	Mysterious-Rag.	*(Orch. Pathé Frères)*.	SNYDER-BERLIN.
3872	Robert F. Lée.	*(Orch. Pathé Frères)*.	H.-E. PÉTHER.
3873	Très Moutarde.	*(Orch. Pathé Frères)*.	MACKLIN.

MARCHES AMÉRICAINES

N°	Titre	Orchestre	Auteur
3874	Blue-bell-Marche.	*(Orch. Pathé Frères)*.	M. GRACEY.
3875	Hail to the spirit of liberty.	*(Orch. Pathé Frères)*.	SOUSA.
3876	Kin Cotton.	*(Orch. Pathé Frères)*.	SOUSA.
3877	The bell of Chicago.	*(Orch. Pathé Frères)*.	SOUSA.
3878	The high School Cadets.	*(Orch. Pathé Frères)*.	SOUSA.
3879	The liberty Bell.	*(Orch. Pathé Frères)*.	SOUSA.
3880	The Stars and Stripes for Ever.	*(Direction A. Bosc)*.	SOUSA.
3881	The Washington-Post	*(Direction Gille)*.	SOUSA.

HYMNES ET AIRS NATIONAUX

N°	Titre	Orchestre	Auteur
3882	A la Liberté. — Chant suisse des épées. — Chanson des soldats — Airs suisses.	*(Orch. Pathé Frères)*.	GROSS.
3883	A mon pays, — Chanson pour mon pays. Airs suisses.		BAUMGARTNER.
3884	La Brabançonne et le Chant du Belge.	*(Orch. Pathé Frères)*.	DEPLACE.
3885	Le Chant du départ.	*(Orch. Pathé Frères)*.	MÉHUL.
3886	Chant national suisse. Cantique suisse.	*(Orch. Pathé Frères)*.	CARREY.
3887	Dieu protège le Tzar.	*(Orch. Pathé Frères)*.	DUBUQUE.
3888	Himno de Riego. — Hymne de Riego.	*(Direction Gille)*.	L. CHIC.
3889	Hymne allemand.	*(Orch. Pathé Frères)*.	BEYER.
3890	Hymne brésilien.	*(Orch. Pathé Frères)*.	XXX.
3891	Hymne mexicain.	*(Orch. Pathé Frères)*.	JAIME.
3892	Hymne national argentin. — 1re partie.	*(Orch. Pathé Frères)*.	XXX.
3893	Hymne national argentin. — 2e partie.	*(Orch. Pathé Frères)*.	XXX.
3894	Hymne national luxembourgeois.	*(Orch. Pathé Frères)*.	XXX.
3895	Hymne norvégien.	*(Orch. Pathé Frères)*.	NORDRAAH.

ORCHESTRE (Suite).

8896	Hymne populaire danois.	(Orch. Pathé Frères).	SVEND-WAAGE.
8897	Hymne suédois.	(Orch. Pathé Frères).	LINDBLAD.
8898	Hymne vaudois. — Sur le champ de bataille. — Airs suisses.	(Orch. Pathé Frères).	LAUER.
8899	Inno di Garibaldi. — Hymne de Garibaldi.	(Orch. Pathé Frères).	OLIVIERI.
3900	Marcha real española. — Marche royale espagnole.	(Orch. Pathé Frères).	BEYER.
3901	Marcia reale italiana. Marche royale italienne.	(Orch. Pathé Frères).	GABETTI.
3902	La Marseillaise.	(Orch. Pathé Frères).	ROUGET DE LISLE.
3903	Œsterr Volkshymne. — Hymne national autrichien.	(Orch. Pathé Frères).	XXX.
3904	Soldiers in the Park. — Les soldats dans le parc.	(Orch. Pathé Frères).	LIONEL-MONCKTON.
3905	The British Grenadiers. — Les grenadiers anglais.	(Orch. Pathé Frères).	WELLS.
	God bless the Prince of Wales. — Dieu bénisse le Prince de Galles.	(Orch. Pathé Frères).	WELLS.
	God save the King. — Dieu sauve le Roi.	(Orch. Pathé Frères).	WELLS.
3906	Wien Neerlandsch Bloed. — Sang hollandais	(Orch. Pathé Frères).	J.-W. WILMS.

HYMNES RÉVOLUTIONNAIRES

3907	La Carmagnole.	(Orch. Pathé Frères).	BIRARD.
3908	L'Internationale.	(Orch. Pathé Frères).	DEGEYTER.

MARCHES, DÉFILÉS ET PAS REDOUBLÉS

Exécutés par la Musique de la Garde Républicaine.
(Direction César BOURGEOIS)

3909	Aux avant-postes.	CZIBULKA.
3910	Ailes au vent.	BALAY.
3911	Après l'étape.	E. GAUDEFROY.
3912	Armons-nous.	CHAPPUIS.
3913	Boula-Matari (Marche congolaise).	LECAIL.
3914	Bourbaki.	F. ROUSSEAU.
3915	Le Caïd.	MICHEL.
3916	Castillane (Marche espagnole).	DELABRE.
3917	La Cocarde.	H. TRÉVILLOT.
3918	Colbert.	LOGER.
3919	Croissant d'Or (Marche orientale).	VALATE.
3920	En avant.	MENZEL.
3921	En bon ordre.	A.-S. PETIT.
3922	En Orient (Marche orientale).	LOUDET.
3923	Fier Gaulois.	FURGEOT.
3924	Gai compagnon.	BONEL.
3925	Gayant.	TOLBECQUE.
3926	Lille en fête.	RICHART.
3927	Léopold II.	CHRISTOPHE.
3928	Marche du 113ᵉ d'infanterie.	M. PERRIER.
3930	Marche des Gardes Françaises.	BOISSON.
3931	Marche du gaz Loubet.	BERGER.
3932	Marche Lorraine.	L. GANNE.
3933	La Marche de Paris.	F. POPY.
3934	Marche Patriotique.	A. FOCK.
3935	La Marseillaise de l'Aviation.	G. BALAY.
3936	Paris reste Paris.	GRESPAILLE.
3937	Place à la Liberté.	J. FREI BECK

ORCHESTRE *(Suite).*

3938	Le Régiment des Braves	Bonel.
3939	Retour au camp.	Strobl.
3940	Le Rêve passe.	Krier.
3941	Ronde des Aéroplanes.	Paans.
3942	Salut au 85e.	Petit.
3943	Sambre-et-Meuse.	Planquette.
3944	Semper fidelis.	Sousa.
3945	Sous l'aigle double.	J.-F. Wagner.
3946	Sous les armes.	A. Soyer.
3947	Le Tram.	C. Mougeot.
3948	La Victoire ou la mort.	Chomel.
3949	Le Vieux Brisquard.	Moussard.

RETRAITES

(Orchestre Militaire)

3950	Retraite d'ordonnance.	Signard.
3951	Retraite de Crimée.	Magnier.
3952	Retraite de la Garde Républicaine.	Wettge.
3953	Retraite française.	Vidal.
3954	Retraite japonaise.	Zehler.

Soli d'Instruments divers

Exécutés par les solistes de l'Opéra, de l'Opéra-Comique, de la Garde Républicaine et du Conservatoire Royal de Milan

SOLI DE BANJO

Exécutés par M. Sam COLLINS
(avec accompagnement d'orchestre)

3955	Andante et valse.	Cammeyer.
3956	Le Réveil du nègre.	Lansing.

SOLI DE BANJO

Exécutés par M. John PIDOUX
(avec accompagnement d'orchestre)

3957	Frivolité *(Pas de quatre)*.	Folkestone.
3958	Fusilier *(Marche)*.	H. Ellis.
3959	Les Nègres blancs *(Polka-marche)*.	S. Payne.
3960	Souvenir du pays nègre.	J. Pidoux.

SOLI DE CLARINETTE

(avec accompagnement d'orchestre)

3962	Concertino *(Andante)*.	Weber.
3963	Concertino *(Allegro)*.	Weber.
3964	Concerto *(Rondo)* (avec piano).	Weber.
3965	Concerto *(1er mouvement)* (avec piano).	Weber.
3966	Les Deux amis *(Polka pour deux clarinettes)*.	Moeremans.
3967	Emma Livry *(Introduction)*.	Pirouelle.
3968	Emma Livry *(Polka)*.	Pirouelle.
3969	Erwin *(Fantaisie)*.	Meister.
3970	Erwin (suite) *(Fantaisie)*.	Meister.

SOLI DE CORNET A PISTONS

(avec accompagnement d'orchestre)

3971	Aigrette *(Polka)*.	F. Sali.
3972	Après la guerre *(Polka)*.	Rohault.
3973	Au bord de la mer *(Fantaisie)*.	Schubert.
3974	Capricieuse *(Polka)*.	Vidal.
3975	Compère et compagnon *(Polka pour piston et bugle)*.	J. Van Hyfte.
3976	L'Écho russe *(Fantaisie)*.	Dawingoff.
3977	Joli, mon paradis *(Fantaisie)*.	Kutscheva.
3978	Madeleine *(Polka)*.	Petit.
3979	Sérénade *(Piston et flûte)*.	Titl.
3980	Sur la tombe *(Fantaisie)*.	Winter.

ORCHESTRE *(Suite)*.

DUOS DE CORNETS A PISTONS
(AVEC ACCOMPAGNEMENT D'ORCHESTRE)

3981	A vous *(Polka)*.	SOING.
3982	Cornette *(Polka)*.	PIQUE.
3983	Jean qui pleure et Jean qui rit *(Polka)*.	LABIT.
3984	Oudin, Mellet, Firmin, Guillier *(Introduction de la polka)*.	MAYEUR.
3985	Oudin, Mellet, Firmin, Guillier *(Polka)*.	MAYEUR.
3986	Piston et pistonnette *(Polka)*.	DUCLUS.
3987	Tandem *(Polka)*.	PETIT.

SOLI DE FLUTE
(AVEC ACCOMPAGNEMENT D'ORCHESTRE)

3988	Les deux petits pinsons *(Polka pour deux petites flûtes)*.	KLING.
3989	Les Fauvettes *(Polka pour deux flûtes)*.	BOUSQUET.
3990	La Flûte enchantée *(Fantaisie)*.	MOZART.
3991	Méli-Mélo *(Polka)*.	MÉLÉ.
3992	Le Merle blanc *(Polka)*.	DAMARÉ.
3993	Les Murmures de la forêt *(Polka)*.	SOULAIRE.
3994	Oiseaux d'argent *(Fantaisie)*.	LE THIÈRE.
3995	Les Petits oiseaux *(Valse)*.	DOUARD.

SOLI DE HAUTBOIS
(AVEC ACCOMPAGNEMENT D'ORCHESTRE)

3996	Bergères Watteau *(Mazurka)*.	CORBIN.
3997	Clochettes et musettes *(Fantaisie)*.	WALTÉ.
3998	Douce missive *(Mazurka)*.	LENOM.
3999	Message d'amour *(Mazurka)*.	DREYFUS.
4000	Souvenirs de Serquigny *(Mazurka)*.	SELLÉNICK.
4001	Une simple idée *(Fantaisie pour hautbois et flûte)*.	X. LEROUX.
4002	Une soirée près du lac *(Introduction)*.	X. LEROUX.
4003	La Villageoise *(Polka)*.	FOURNOLLE.

GRAND ORGUE

4004	Alléluia *(Chœur)*.	HAENDEL.
4005	Cavalleria Rusticana *(Intermezzo pour grand orgue, violon et harpe)*.	MASCAGNI.
4006	Marche nuptiale.	MENDELSSOHN.
4007	Oh ! séchez ces larmes *(pour grand orgue, violon et harpe)*.	DEL RIEGO.
4008	Stabat Mater "*Pro peccatis*".	ROSSINI.
4009	Le Soupir du cerf.	SPOKER.

Trio Cherniavsky
VIOLON, VIOLONCELLE ET PIANO
Par MM. Léon, Jean et Michel **CHERNIAVSKY**

4010	Chanson du printemps *(Solo de violon par M. J. CHERNIAVSKY)*.	MENDELSSOHN.
4011	Fantaisie *(N° 1)*.	GADE.
4012	Kol Nidrei. — *Air juif (arrangé pour trio)*.	XXX.
4013	Peer Gynt. — *Danse d'Anitra (arrangé pour trio)*.	GRIEG.
4014	Sérénade.	GOUNOD.
4015	Sérénade.	WIDOR.
4016	Valse *(arrangé pour trio)*.	TCHAIKOVSKY.

Musique de Chambre
SOLI DE VIOLON
Exécutés par M. LEUNTJENS, *de l'Opéra*
(AVEC ACCOMPAGNEMENT D'ORCHESTRE)

4017	Bébé à Jésus *(Berceuse)*.	L. DELERUE.
4018	Caresse de fleurs *(Intermezzo-valse)*.	LEUNTJENS.

ORCHESTRE (Suite).

4019 Chant de brise (Valse lente).	LEUNTJENS.
4020 Charme secret (Valse lente).	LEUNTJENS.
4021 En sourdine.	TELLAM.
4022 Le Petit Savoyard.	E. MATHÉ.
4023 Simple aubade.	LEUNTJENS.
4024 Simple aveu.	THOMÉ.
4025 Thaïs (Méditation).	MASSENET.

SOLI DE VIOLON

Exécutés par M. A. MAI, premier violon du Théâtre de la Scala de Milan
(AVEC ACCOMPAGNEMENT DE PIANO)

4026 A Frangesa (Marche).	COSTA.
4027 La Gloriosa Bandiera (Marche).	XXX.
4028 Lucrezia Borgia (Fantaisie).	DONIZETTI.
4029 Tesoro mio (Valse).	BECCUCI.
4030 La Traviata (Fantaisie).	VERDI.
4031 Il Trovatore (Fantaisie).	VERDI.

SOLI DE VIOLON

Exécutés par M. Émile MENDELS, 1er prix du Conservatoire
(AVEC ACCOMPAGNEMENT D'ORCHESTRE)

4032 Aria.	BACH.
4033 Airs bohémiens.	SARASATE.
4034 Le Déluge (Fragment).	SAINT-SAENS.
4035 Le Pré-aux-Clercs (Fantaisie).	HÉROLD-SINGELÉE.
4036 La Séduction (Air de ballet).	PIETRO ACCORDI.

SOLI DE VIOLON

Exécutés par M. MISCHA-ELMAN
(AVEC ACCOMPAGNEMENT DE PIANO)

4037 Abendlied.	SCHUMANN.
4038 Allegro.	BACH.

4039 Gavotte.	BACH.
4040 Mélodie.	RUBINSTEIN.
4041 Moment musical.	SCHUBERT.
4042 Sérénade.	A. ARENSKY.

SOLI DE VIOLON

Exécutés par M. Enrico POLO, professeur au Conservatoire Royal de Milan
(AVEC ACCOMPAGNEMENT DE PIANO)

4043 Boléro.	HERMANN.
4044 Cavatina.	RAFF.
4045 Elégia.	BASSINI.
4046 Scène de ballet.	BÉRIOT.

SOLI DE VIOLON

Exécutés par M. RANZATO, Maëstro-Compositeur diplômé du Conservatoire Royal de Milan
(AVEC ACCOMPAGNEMENT DE PIANO)

4047 Adagio della suonata patetica.	BEETHOVEN.
4048 Assolo nell'opera l'Albatro.	PACCHIEROTTI.
4049 Celebre meditazione (Célèbre méditation).	BRAGA.
4050 La Chanson de Solveig (Mélodie).	GRIEG.
4051 Folies d'Espagne (1re partie).	CORELLI.
4052 Folies d'Espagne (2e partie).	CORELLI.
4053 La Forza del Destino (La Force du destin).	VERDI.
4054 Histoire.	TIRENDELLI.
4055 Rêverie.	SCHUMANN.
4056 Valse d'or (1re partie).	GUGO-NORIS.
4057 Valse d'or (2e partie).	GUGO-NORIS.

SOLI DE VIOLON

Exécutés par M. Jean RUDENYI
(AVEC ACCOMPAGNEMENT D'ORCHESTRE)

4058 Adagio (tiré du 4e concert).	VIEUXTEMPS.
4059 Finale (tiré du 4e concert).	VIEUXTEMPS.

ORCHESTRE (Suite).

4060	Andante (tiré du concert Op. 64).	MENDELSSOHN.
4061	Finale (tiré du concert Op. 64).	MENDELSSOHN.
4062	Larghetto du Concerto.	BEETHOVEN.
4063	Rondo du Concerto.	BEETHOVEN.
4064	Yankee-Doodle (Air américain avec variations) (acc^t piano).	VIEUXTEMPS.

SOLI DE VIOLONCELLE
Exécutés par **M. AMATO,** *de l'Opéra*
(AVEC ACCOMPAGNEMENT D'ORCHESTRE)

4065	Marche funèbre.	CHOPIN.
4066	Prélude.	CHOPIN.

SOLI DE VIOLONCELLE
Exécutés par **M. Jean BEDETTI,** *violoncelle solo de l'Opéra-Comique*
(AVEC ACCOMPAGNEMENT D'ORCHESTRE)

4067	Andante.	GOLTERMANN.
4068	Caprice hongrois	XXX.
4069	Chants russes.	E. LALO.
4070	Le Cygne.	SAINT-SAENS.
4071	Les Erinnyes (Invocation).	MASSENET.
4072	Jocelyn (Berceuse).	B. GODARD.
4073	Les Maîtres Chanteurs.	R. WAGNER.
4074	Méditation.	G. PAPIN.
4075	Le Roi d'Ys (Solo de l'ouverture).	E. LALO.
4076	Samson et Dalila (Mon cœur s'ouvre à ta voix).	SAINT-SAENS.
4077	Samson et Dalila (Printemps qui commence).	SAINT-SAENS.
4078	La Valkyrie (Chant d'amour).	R. WAGNER.
4079	Werther (Solo du clair de lune).	MASSENET.

SOLI DE VIOLONCELLE
Exécutés par **M. HOLLMANN**

4153	Aria de la Sonate (Opéra II de Schumann arrangé par Hollmann).	SCHUMANN.
4154	L'Arlésienne (Adagietto).	BIZET.
4155	Ave Maria.	SCHUBERT.
4156	Le Cygne	SAINT-SAENS.
4157	Nocturne (de " Chopin ").	P. SERVAIS.
4158	Werther (Solo du Clair de lune).	MASSENET.

SOLI DE VIOLONCELLE
Exécutés par **M. FURET,** *de la Société des Concerts du Conservatoire*
(AVEC ACCOMPAGNEMENT D'ORCHESTRE)

4080	Don Quichotte (Tristesse de Dulcinée) (Entr'acte).	MASSENET.
4081	Quo Vadis ? (Le baiser d'Eunice).	NOUGUÈS.

SOLI DE MANDOLINE
Exécutés par le **Prof. Angelo ALFIERI**
Maestro del Circolo Mandolinisti di Milano
(AVEC ACCOMPAGNEMENT DE PIANO)

4082	Amor passeggero (Amour passager) (Polka).	XXX.
4083	Changez la dame (Polka).	XXX.
4084	Dopo il tramonto (Après le coucher du soleil) (Valse).	XXX.
4085	Espoir (Valse).	XXX.
4086	Histoire d'un pierrot.	COSTA.
4087	Tarentella.	A. ALFIERI.
4088	Una sera à Firenze (Une soirée à Florence).	XXX.
4089	Vous dansez très bien (Polka.)	XXX.

SOLI DE PIANO
Exécutés par **M. J. CHERNIAVSKY**

4090	Mazurka n° 45 et Valse en Ré bémol.	CHOPIN.
4091	Prélude et étude en Sol bémol (Étude de la noire).	CHOPIN.

ORCHESTRE (Suite).

4092 Prélude n° 24 et Étude n° 25. CHOPIN.
4093 Rhapsodie hongroise n° 6 (1re partie). LISZT.
4094 Rhapsodie hongroise n° 6 (2e partie). LISZT.
4095 Valse G (n° 7). CHOPIN.

SOLI DE PIANO
Exécutés par Mlle L. MORETTI

4096 Rondo capricioso. MENDELSSOHN.
4097 Valse chromatique. B. GODARD.

MORCEAUX DE XYLOPHONE
(AVEC ACCOMPAGNEMENT D'ORCHESTRE)

4098 Au clair de la lune (*Fantaisie*). JANIN.
4099 Billie le rieur. HESSE.
4100 Carillon printanier (*Scottish*). LACROIX.
4101 Fantaisie brillante. DITTRICH.
4102 Jolly Polly Perkins. HESSE.
4103 Joyeusement (*Polka*). WITHLOCK.
4104 La Paloma. CORBIN.
4105 La Parade d'œillets. WITHLOCK.
4106 Les Sabots. DREACHER.

Trompettes de Cavalerie

4107 Le Cuirassier (*Marche*). CAUSY.
4108 L'Estafette (*Pas redoublé*). ANDRIEU.
4109 La Garde prétorienne (*Marche*). VINAY.
4110 Masséna (*Marche*). WITTMANN.
4111 La Sentinelle (*Polka-marche*). CAUSY.
4112 Scottish des trompettes. E. BRUN.
4113 Sonneries réglementaires de cavalerie. XXX.

Clairons

4114 Polka des clairons. E. BRUN.
4115 Sonneries réglementaires d'infanterie. XXX.

Trompes de Chasse
SOLI

4116 Le Cerf. — 1re, 2e, 3e, 4e, 5e têtes. — Dix cors.
4117 Rallye-les-Charmes.

QUATUORS

4118 La Fanfare Saint-Hubert (Direction QUENTIN).
4119 La Fête au Château (Direction QUENTIN).
4120 Introduction de la messe de Saint-Hubert.
4121 Souvenir de Bretagne (Direction QUENTIN).

TROMPES DE CHASSE
Par le Cercle du BIEN-ALLER

4122 La Chabrillant (avec cloches). — Le Rallye-Vendée.
4123 La Champ Raimbaud. — L'Ardennaise. — La Cabourg.
4124 La Dubouveau. — Rallye-Ardennes. — La d'Autichamp. — Le Sanglier.
4125 La Dupuytren. — La Wagram. — La Lur-Saluces. — Le Lancer.
4126 La Loge de Raboué. — Rallye-Persac. — La Delanos. — La Bourbon.
4127 La Luciennoise. — La d'Elva. — Les Joyeux Veneurs. — La Saint-Hubert.

ORCHESTRE (Suite).

4128 Marche des cerfs. — Rallye-les-Charmes.
4129 Les Pleurs du cerf (Solo et Trio). — Les Adieux de Moulière.
4130 Rallye-Bonnelle. — La Pont-Chartrain. — La Gairaud. — La de l'Aigle.

MUSIQUE HUMORISTIQUE

4131 Birds at the Brook (Les Oiseaux au ruisseau) (avec sifflet) .... XXX.
4132 Charge de l'Armée Française (La charge et la Marseillaise, coups de feu, canon, cris, etc.) (Orchestre PATHÉ FRÈRES) .... XXX.
4133 Dance of the Honey Bees (Danse des Abeilles) (avec sifflet) (Orchestre PATHÉ FRÈRES) .... XXX.
4134 Danse des ours (Orchestre PATHÉ FRÈRES) .... BRATTON.
4135 In the Forest (Dans la forêt) (avec sifflet) (Orchestre PATHÉ FRÈRES)... XXX.
4136 Les Ratichons (Polka imitative) (Direction A. Bosc).................. RIVET.
4137 Stop Thief (Au voleur) (Galop avec cris et sifflets) (Orchestre PATHÉ FRÈRES). XXX.
4138 The Humming Birds (Les Colibris) (Imitation du Colibri) (Orchestre PATHÉ FRÈRES) .... XXX.

4139 The Mill in the Forest (Le Moulin dans la forêt) (Orchestre PATHÉ FRÈRES) .... XXX.
4140 The Mocking Bird (L'Oiseau moqueur) (avec sifflet) (Orchestre PATHÉ FRÈRES) .... XXX.
4141 The Musical clock in the Black Forest (L'Horloge à musique dans la Forêt Noire) (Orchestre PATHÉ FRÈRES) . XXX.

SARDANAS

Exécutées par la célèbre Cobla Antigua PEP DE FIGUERAS
(Orchestre Catalan)

4142 L'Ampurda.   MORERA.
4143 Brots de llaurer   SOLER.
4144 El Capeador (Valse).   SERRA.
4145 Cercan l'Aymada.   SERRA.
4146 La Mestresa.   SOLER.

Orquesta Antigua PEP DE FIGUERAS
(Orchestre Catalan)

4147 El Batallador (Valse jota). MASANA.
4148 El Baturro (Valse).   COTO.
4149 La Deseada (Habanera).   COTO.
4150 Malvina (Habanera).   COTO.
4151 Milagro (Habanera).   COTO.
4152 Mi Reina (Habanera).   ESCALAS.

TABLE DES MATIÈRES

	Pages
Audition intégrale d'œuvres théâtrales : opéras, opéras-comiques et Comédie-Française	5 à 40

CHANT

	Pages
Opéras, Opéras-Comiques	43 à 56
Opérettes	57 à 60
Chœurs divers	61
Mélodies et Romances	61 à 63
Hymnes nationaux et chants patriotiques	63
Chants révolutionnaires	63
Morceaux religieux	64
Répertoires individuels des artistes de l'Opéra et Opéra-Comique	64 à 80
Concert	81 à 93
Déclamation	93
Extrait des Chefs-d'œuvre de la littérature française	94

ORCHESTRE

	Pages
Ouvertures Opéras, Opéras-Comiques, Opérettes	95 à 100
Morceaux de genre	100 à 102
Valses	102
Polkas	102
Mazurkas	103
Scottishs	103
Berlines	103
Bourrées	103
Pas de Quatre	103
Pas des Patineurs	103
Danses Étrangères et Originales	103
Tangos	103
Two-Step	104
Marches Américaines	104
Hymnes et airs nationaux	104
Hymnes révolutionnaires	105
Marches, défilés et pas redoublés	105 à 106
Retraites	106
Soli de banjo	106
Soli de clarinette	106
Soli de cornet à pistons	106 à 107
Soli de flûte	107
Soli de hautbois	107
Grand orgue	107
Soli de violon	107 à 108
Soli de violoncelle	109
Soli de mandoline	109
Soli de piano	109 à 110
Trompettes de cavalerie	110
Clairons	110
Trompes de Chasse	110 à 111
Musique humoristique	111
Sardanas	111

TABLE PAR ORDRE ALPHABÉTIQUE
DES
MORCEAUX FIGURANT AU PRÉSENT RÉPERTOIRE

A

	Pages
A dame jolie, chant	61-89
A Frangesa ! violon	108
A l'aïgo saou lei limaçouns, chant	92
A la France donnons des ailes, chant	88
A la Hongroise, orchestre	103
A la Liberté, orchestre	104
A la Martinique, chant	82
— orchestre	104
A mon pays, orchestre	104
A Ninon, déclamation, chant	93
A ta porte, chant	87
A Trianon, chant	61
A vous, duo de cornets à pistons	107
Abendlied, violon	108
Aben-Hamet, chant	43
Absence, chant	61
Accordéoni (l'), chant	84
Achetez mes belles violettes, déclamation	93
Adagio, violon	108
Adagio della Suonata patetica, violon	108
Adieu Grenade, chant	86
Adieux de Moulière, trompes de chasse	111
Adieu Mimi, chant	92
Africaine (l'), chant	43
— orchestre	95

	Pages
Agnus Dei (Faure), chant	63
Agnus Dei (Bizet), chant	63
Ah c' qu'on s'aimait, chant	86
Ah ! le beau rêve, chant	90
Ah ! les salauds, chant	82
Aïda, chant	43
— orchestre	98
Aigle (l'), chant	43
Aigrette, cornet à piston	106
Ailes au vent, orchestre	105
Aimable voleur (l') déclamation	93
Aimer, chant	92
Aimer c'est pleurer, chant	84
Air à danser, orchestre	98
Airs bohémiens, violon	108
Airs d'Opéra anglais, orchestre	95
Allegro, orchestre	105
— violon	108
Alleluia, grand orgue	107
Alleluia d'amour, chant	61
Allons, mademoiselle	89
Allons-y doucement, chant	82
Alza ! manolita, chant	88
Amateur explorateur (l') chant	84
Ame des violons (l'), chant	87

	Pages
Ame d'un violon, déclamation	93
Ame en Peine (l'), chant	43
Amor Passeggero, mandoline	109
Amour à Séville (l'), chant	85
Amour Alsacien, chant	82
Amour au Chili (l'), chant	88
Amour au poulailler (l'), chant	81
Amour aux oiseaux (l'), chant	85
Amour boiteux (l'), chant	86
Amour de trottin, chant	89
Amour et Printemps, orchestre	102
Amour expliqué (l'), chant	91
Amour frappé à ta porte (l'), chant	84
Amour qui rit (l'), orchestre	102
Amour s'envole, chant	87
Amour tzigane (l'), chant	57
— orchestre	102
Amoureuse, orchestre	102
Amoureux voyage, chant	91
Ampurda (l'), orchestre	111
Andante, violoncelle	109
Andante et valse, banjo	106
Andouill's marche, chant	85
Angelus de la mer (l'), chant	61-85
Animaux malades de la peste (les) déclamation	93
Anita, orchestre	103

	Pages
Apaisement, chant	61
Après l'étape, orchestre	105
Après la guerre, cornet à pistons	106
Aqueros mountinos, chant	93
Aquets adious, chant	93
Ardennaise, trompe de chasse	110
Aria, violon	108
Aria de la Sonate, violoncelle	109
Ariane, chant	43
Arlésienne (l'), chant	44
— orchestre	98
— violoncelle	109
Armons-nous, orchestre	105
Ascanio, chant	44
Assuré (l'), chant	86
Astarté, chant	44
As-tu vu l'amour, monologue	83
Assolo nell' opéra l'Albatro, violon	108
Attaque du Moulin (l'), chant	44
Au bord de la mer, cornet à pistons	106
Au caprice du vent, chant	61
Au chant des binious, chant	92
Au clair de la lune, chant	89
Au clair de la lune (Janin) (xylophone)	110
Au loin, chant	61
Au Métro, chant	90
Aux avant-postes, orchestre	105
Aux Bat-d'Af, chant	82
Aux Oiseaux, chant	82
Aux Omnibus de la Trinité, dialogue	93
Aubade à la Fiancée, chant	61
Auberge Polonaise (l'), orchestre	103
Autichaud (La d'), trompes de chasse	110

	Pages
Auvergnate (l'), orchestre	103
Au voleur *(Stop Thief)*, orchestre humoristique	111
Ave Maria (Gounod), chant	63
Ave Maria, (Chérubini) chant	63
Ave Maria (Schubert), violoncelle	109
Avec mon ocarina, chant	85
Aveugle et le cul-de-jatte (l'), monologue	83
B	
Baiser (le), orchestre	102
Bal masqué (le), chant	44
Ballade des pauvres gens, déclamation	94
Ballade des p'tits poussins, chant	81
Ballet d'Isoline, orchestre	98-99
Ballet de Coppelia, orchestre	98
Ballet de Roméo et Juliette, orchestre	97
Ballet de Sylvia, orchestre	99
Ballet égyptien, orchestre	98
Ballet de Faust, orchestre	98
Barbe-Bleue, chant	57
Barbier de Séville (le), chant	44
— orchestre	95
Batallador (el), orchestre	111
Baron tzigane (le) orchestre	95-96
Bataille de Rocroy, déclamation	94
Baya (la), chant	82
— orchestre	102
Beau blond (le), chant	85
Bébé à Jésus, chant	63
— violon	107

	Pages
Béguin d'Ernestine (le), chant	90
Béguinette, chant	87
Belle de New-York (la), orchestre	102
Belle Hélène (la), chant	57
Belle Ostendaise (la), orchestre	103
Benvenuto Cellini, chant	44
Berceuse à Julot, chant	81
Berceuse aux étoiles, chant	88
Berceuse d'amour, chant	61
Berceuse tendre, chant	87
Bergère chante, chant	93
Bergères Watteau, hautbois	107
Berline française, orchestre	103
Besace (la), chant	93
Beth ceü de Paü, chant	93
Billet de Joséphine (le), chant	57
Billie le Rieur, xylophone	110
Biniou (le), chant	61
Blonde aux yeux bleus, chant	83
Blue-Bell-Marche, orchestre	104
Boccace, chant	57
Bœufs (les), chant	61
Bohême (la), chant	44
Boléro, violon	108
Bonne aventure (la), chant	90
Bonsoir m'Amour, chant	91
Bonsoir Madame la Lune, chant	61
Bora-Bora (la), chant	88
Boubouche-Sensuelle, chant	87
Boula Matari, orchestre	105
Bouquet de Mélodies, orchestre	96
Bourbon (la), trompes de chasse	110
Bourbaki, orchestre	105

	Pages		Pages		Pages
Bourgeois gentilhomme, déclamation	94	Candidat muet (le), scène	83	Chabrillant (la), trompes de chasse	110
Bourgeois et Domestique, scène	83	Capeador (el), orchestre	111	Chalet (le), chant	45
Bourra (la), chant	82	Caprice hongrois, violon	109	— orchestre	95
Bourrée Auvergnate, orchestre	103	Capricieuse, cornet à pistons	106	Champ Raimbaud (la), trompes de chasse	110
Bourrée sous l'Orme (la), chant	93	Captif, chant	61	Chandelle est morte, chant	91
Bourrée du Velay, orchestre	103	Captivante, orchestre	102	Changez la dame, mandoline	109
Bouss-Bouss-Mée (la), chant	88	Caramba! orchestre	103	Chanson, chant	61
Brabançonne (la) et Chant populaire Belge, chant	63	Caresse de fleurs, chant	61	Chanson à Vilja, chant	61
		Carillon printanier, xylophone	110	Chanson bohémienne, orchestre	100
Brabançonne (la) et Chant populaire Belge, orchestre	104	Carillonneur (le) de Bruges, chant	44	Chanson de la France, chant	82
Brin de vie, chant	86	Carmagnole (la), chant	63	Chanson de Marinette (la), chant	61
Britannicus, déclamation	94	— orchestre	105	Chanson de Solveig (la), violon	108
Brots de llaurer, orchestre	111	Carmen, audition intégrale de la pièce	5	Chanson des Michetons, chant	82
		Carmen (fragments), chant	45	Chanson des Peupliers (la), chant	61
C		Carmencita, chant	84	Chanson des Soldats, orchestre	104
C'est la pluie, chant	83	Cascaës, orchestre	103	Chanson du Printemps, chant	61
C'est la vie, c'est l'amour, chant	87	Castillane, orchestre	105	— violon	107
C'est toi, m'Amour, chant	91	Cavalleria Rusticana, chant	45	Chanson pour Jean, chant	61
C'est un locataire, chant	83	— orchestre	100	Chanson pour mon pays, orchestre	104
C'est une valse populaire, chant	84	— grand orgue, violon et harpe	107	Chant d'apaches, chant	82
C'était une petite rose, chant	87	Cavalerie légère, orchestre	95	Chant d'exil, chant	61
C'que tu m'as fait, chant	90	Cavatina, violon	108	Chant de brise, violon	108
— orchestre	100	Célèbre et véritable maxixe brésilienne (la), orchestre	103	Chant du Départ (le), chant	61-63
Ça c'est l'Amour (Christine), chant	90			— orchestre	104
Cabourg (la), trompes de chasse	110	Célèbre Meditazione, violon	108	Chant national suisse, orchestre	104
Ça va s' passer, chant	82-86	Célèbre pas de l'Ours (le), orchestre	103	Chant populaire belge, chant	63
Cachette de Rebecca (la), monologue	83	Cendrillonnette, chant	87	— orchestre	104
Caïd (le), chant	44	113ᵉ de ligne (le), chant	82	Chants russes, violoncelle	109
— orchestre	95	Ce que disent les pierres, chant	91	Chant suisse des épées, orchestre	104
Caïd (le), orchestre	105	Cerf (le), trompes de chasse	110	Charge de l'Armée Française, orchestre	111
Calife de Bagdad (le), orchestre	95	Ceux qui aiment sont des fous, chant	91	Chargez, chant	81
Candeur virginale, chant	90			Charité (la), chant	61
				Charles VI, chant	45

	Pages		Pages		Pages
Charme de ta voix (le), chant	84	Cœur d'enfant, chant	83	Couveuse d'enfants (la) (scène), chant..	90
Charme secret, violon	108	Cœur de Chêne, chant	81-88	Création de la femme (la), monologue..	81
Charmeur des Tuileries (le), chant	81	Cœur de Gaby (le), chant	90	Crédo du paysan (le), chant	61
Chaste Suzanne (la), orchestre	96	Cœur et la main (le), chant	57	Cri d'amour, chant	61
Chat, l'ablette et le petit lapin (le), déclamation	94	Cœur n'est pas un joujou (le), chant..	88	Cri du jour (le), chant	88
Chat noir (le), chant	82	Cœur tzigane (le), chant	81	Croissant d'Or, orchestre	105
Chemineau (le), chant	45	— orchestre	102	Croix du Chemin (la), chant	61
Chemineau chemine, chant	85	Colbert, orchestre	105	Crucifix (le), chant	63
Cereau l'Aymada, orchestre	111	Colibris (les), orchestre humoristique...	111	Cuirassier (le), trompettes de cavalerie..	110
Chercheuse de clair de lune (la), chant.	92	Colombe (la), orchestre	99	Cunégonde, chant	88
Chevrier d'amour (le), chant	90	Colonel du 603ᵉ à la répétition (le), scène	83	Cyclamen, orchestre	103
Chez le dentiste, monologue	90	Comme aux premiers jours, chant	86	Cygne, violoncelle	109
Chez le photographe, scène	83	Comme c'est bon, chant	83	Cygne (le), déclamation	94
Chez un républicain, chant	86	Communication téléphonique, scène...	93	Cyrano de Bergerac, déclamation	94
Chola (la), orchestre	103	Compère et compagnon, cornet à piston.	106	Czarine (la), orchestre	103
Chupa-Chupa, orchestre	103	Compère Guilleri, chant	90		
Cid (le), audition intégrale de la pièce..	34	Comte de Luxembourg (le), orchestre..	96	**D**	
Cid (le), fragments	45	Concertino pour clarinette, clarinette.	106	Dame Blanche (la), orchestre	95
Ciel a visité la terre (le), chant	63	Conférence sur l'amour, conférence....	81	Damnation de Faust (la), chant	46
Cigale et la fourmi (la), déclamation...	57	Contes, orchestre	100	Dans la forêt, orchestre humoristique.	111
Cinq étages (les), déclamation	93	Conte de Noël, chant	87	Dans les bois, orchestre	100
Cinq-Mars, chant	45	Contes d'Hoffmann (les), chant	45	Dans les ombres, orchestre	111
5ᵉ symphonie en ut mineur, orchestre	101-102	— orchestre	100	Dans les ombres, orchestre	100
Clairon (le), chant	61	Contrat des Amours (le), chant	61	Danse de l'Amour, orchestre	100
Cloche du Rhin (la), chant	45	Cor (le), chant	61	Danse des abeilles, orchestre	
Cloches, chant	93	Cornette, duo de cornet à pistons	107	Danse des bouges londoniens, orchestre	103
Cloches de Corneville (les), chant	57	Coup de l'Étrier (le), chant	88	Danse des ours, orchestre	111
Cloches du soir (les), orchestre	100	Coupe du roi de Thulé (la), chant	45	Danse du Paraguay, orchestre	103
Clochettes et musettes, hautbois	107	Couronnement de la rosière (le), scène.	91	Danse hongroise, orchestre	100
Cocarde (la), orchestre	105	— chant	83	Danse macabre, orchestre	100
Coccinelle, chant	84	Cousine, chant	82	Danse persane, orchestre	99
Cocher marseillais (le), chant	81	Couteau (le), chant	81-89		

	Pages		Pages		Pages
Déjanire, orchestre	96	Divorcée (la), orchestre	96-102	En auto, scène	93
Delanos (la), trompes de chasse	110	Domino Noir (le), chant	46	En Auvergne, orchestre	103
Délire suprême, chant	88	— orchestre	95	En avant, orchestre	105
Délit d'adultère (le), chant	90	Don Juan, chant	46	En avant les p'tits gars! chant	86-88
Déluge (le), violon	108	Don Juan, orchestre	103	En bon ordre, orchestre	105
Demande en mariage, chant	82	Don Quichotte, violoncelle	109	En Chasse, chant	81
Demoiselles à marier (les), chant	91	Dopo il tramonto, mandoline	109	En 1820, chant	85
Demoiselles de pensionnat (les), chant	91	Dormez, je vous aime, chant	61	En Orient, orchestre	105
Dépit amoureux (le), déclamation	93	Douce chanson (la), (Messager) chant	61	En passant devant ta maison, chant	87
Dernier Tango (le), chant	87	Douce chanson (la), (Vontilzer) chant	88	En sourdine, violon	108
Dernière chanson, chant	86	Douce missive, hautbois	107	Endors mon cœur, chant	88
Deseada (la), orchestre	111	Douce tendresse, orchestre	103	Enfant chantait la Marseillaise (l'), chant	61
Déserteur (le), chant	83	Douleur, dialogue	93	Enfant de la forêt noire (l'), chant	92
Deux amis (les), clarinette	106	Dragons de Villars (les), chant	46	Enfants (les), chant	61
Deux amis (les), chant	92	Duel de Rolland et d'Olivier, déclamation	94	English succès, orchestre	104
Deux ans pour tous, chant	89			Enterrement de belle-maman (l'), chant	82
Deux bons copains, scène	83	Du mouron pour les petits oiseaux, déclamation	93	Enterrement de Chapuzot (l'), scène	83
Deux épaves, scène	93			Enterrement de Krümoll (l'), chant	81
Deux Grenadiers (les), chant	61	Dubouveau (la), trompes de chasse	110	Er chistr neué, chant	92
Deux lettres sur sa statue, déclamation	94	Dupuytren (la), trompes de chasse	110	Er hi er hoéuen, chant	92
Deux ménétriers (les), déclamation	93	**E**		Erinnyes (les), orchestre	99
Deux petits pinsons (les), solo de flûte	107	Écho comique (l'), scène	83	— violoncelle	109
Deux pigeons (les), orchestre	99	Écho russe (l'), cornet à piston	106	Erwin, clarinette	106
2e symphonie en ré, orchestre	101	Écoutez votre cœur, chant	46	Espana, orchestre	102
Diamants de la Couronne (les), chant	46	Élection de son sépulcre, déclamation	94	Espoir, mandoline	109
— orchestre	95	Élégia, violon	108	Estaffette (l'), trompettes de cavalerie	110
Dieu bénisse le Prince de Galles, orchestre	105	Élégie, chant	61	Estudiantina (l'), orchestre	102
Dieu protège le tzar, orchestre	104	Elfes (les), déclamation	93	Étoile confidente (l'), chant	61
Disez-le, chant	85	Elle avait seize ans, chant	86	Étoile d'amour, chant	62
Disque et le train (le), déclamation	93	Elva (la d'), trompes de chasse	110	Étoile du Nord (l'), chant	46
Diva de l'Empire (la), chant	91	Emma Livry, clarinette	106	Étude sur le Chat, chant	81
Divine chanson (la), chant	61	Émotion d'un rendez-vous (l'), scène	83	Excuse-me! chant	86
				Exhortation, chant	62

F

	Pages
Family-house, chant	89
Fanfare Saint-Hubert (la), trompes de chasse	110
Fantaisie brillante, xylophone	110
Fantaisie N° 1, violon	107
Farfadet (le), chant	46
Fascination, chant	62
— orchestre	102
Faust, audition intégrale de la pièce	9
Faust, fragments, chant	46-47
Faust (valse), orchestre	102
Fauteuil 52 (le), chant	86
Fauvettes (les), flûte	107
Favorite (la), audition intégrale de la pièce	13
Favorite, fragments	47
Femme à Papa (la), chant	57
Femme est un trésor d'amour, chant	88
Femme honnête (la), monologue	83
Femme médecin, chant	83
Femmes qu'a trop d'amour (les), chant	87
Femmes qu'en ont goûté (les), chant	83
Femmes savantes, déclamation	94
Feria (la), orchestre	99
Ferme tes jolis yeux, chant	87
Fête à Jésus (la), chant	89
Fête au Château (la), trompes de chasse	110
Fiancées terribles (les), chant	81
Fier Gaulois, orchestre	105
Figaro, déclamation	94
Fileuse (la), chant	62-81
Fille d'Espagne, chant	92

	Pages
Fille de l'Ouest doré (la), orchestre	96
Fille de Madame Angot (la), chant	57
Fille du Tambour-Major (la), chant	58
Fille de Rolland (la), chant	47
Fille du Régiment, chant	47
Finale (vieux temps), violon	108
Finale (Mendelssohn), violon	109
Fioretta d'Amore, chant	92
Flegme (le), chant	86
Fleur de berges, chant	91
Fleurs que nous aimons (les), chant	88
— — orchestre	100
Flûte enchantée (la), chant	47
— flûte	107
Folie d'amour, chant	81
Folies d'Espagne, violon	108
Folle complainte, chant	85
Fortunio, chant	48
Forza del Destino (la), violon	108
Fourberies de Scapin (les), scène	93
François les Bas-Bleus, chant	58
Freischutz (le), chant	48
— orchestre	96
Frères Danilo (les), audition intégrale de la pièce	16
Frivolité, banjo	106
Fruit défendu (le), chant	82
Fusilier, banjo	106

G

	Pages
Gaby, chant	81-85
Gai compagnon, orchestre	105

	Pages
Gairaud (la), trompes de chasse	111
Gais refrains militaires, orchestre	102
Gaités du téléphone (les), chant	86
Galathée, audition intégrale de la pièce	18
Galathée, fragments, chant	48
Gamin de Paris (le), chant	88
Garde prétorienne (la), trompettes de cavalerie	110
Gars de France (les), chant	81
Gars du Pardon (les), chant	89
Gaucha (la), orchestre	103
Gavotte, violon	108
Gayant, orchestre	105
Gillette de Narbonne, chant	58
Gioconda (la), orchestre	99
Giralda, orchestre	95
Girofié-Girofla, chant	58
Gloire au 17ᵉ, chant	89
Gloriosa Bandiera (la), violon	108
God Save the King, orchestre	105
Grand Mogol (le), chant	58
Grande Duchesse de Gérolstein (la), chant	58
Grandes manœuvres (les), chant	82
Grenadiers anglais (les), orchestre	105
Grève des mères (la), chant	89
Griselidis, chant	48
Grognards passent (les), chant	88
Guillaume Tell, chant	48
— orchestre	95

H

	Pages
Habanera, chant	62

	Pages		Pages		Pages
Hail to the spirit of Liberty, orchestre.	104	Hymne mexicain, orchestre	104	J'ai pardonné, chant	62
Hamlet, chant	48	Hymne national argentin, orchestre	104	J'ai trouvé trois filles, chant	62
Hans le joueur de flûte, chant	58	Hymne national luxembourgeois, orchestre	104	J'ai trouvé une fleur, chant 84-	89
— — orchestre. 95-	96	Hymne norvégien, orchestre	104	J'aime ma Mie, chant	92
Hâtez-vous d'aimer, chant	84	Hymne populaire danois, orchestre	105	J'suis vaseux! chant	82
— orchestre	102	Hymne suédois, orchestre	105	J'veux garder mon chapeau, chant	86
Haydée, chant	48	Hymne vaudois, orchestre	105	Je connais une blonde, chant 86-	88
Henri VIII, chant	48			Je n' sais comment, chant	87
Héritiers Balandard (les), chant	85	**I**		Je sais que vous êtes jolie, chant	87
Hérodiade, chant	48			Je sais une étoile jolie, chant	89
— orchestre	99	Il a tout du ballot, chant	88	Je te veux, chant	87
Héroïne de Beauvais (l'), orchestre	103	Il est content, le chef de gare, chant..	88	Jean qui pleure, Jean qui rit, duos de cornets à pistons	107
Heure grise, chant	62	Il était une fois jadis, déclamation	93	Jeune homme du métro (le), chant	92
Heure suprême (l'), chant	84	Il nous faut d' l'amour, chant	91	Jeune Veuve (la), déclamation	93
Himno de Riego, orchestre	104	Impressions d'Italie, orchestre	100	Joaquina, orchestre	104
Histoire, violon	108	Indiscrétion punie, chant	81	Jocelyn, chant	49
Histoire d'Anguille, chant	90	Indiscrétions musicales, chant	91	— orchestre	100
Histoire d'un pierrot, mandoline	109	Infanterie de marine (l'), chant	82	— violoncelle	109
Hitchy-Rou, chant	86	Inno di Garibaldi, orchestre	105	Joconde (la), chant	49
— orchestre	104	Insensé (l'), chant	62	Joli fruit (le), chant	83
Homme est un pantin (l'), chant	87	Internationale (l'), chant	63	Joli menuet, chant	82
Homme qui rit (l'), chant	90	— orchestre	105	Joli mon paradis, cornet à piston	106
Honneur (l'), chant	89	Introduction de la messe de Saint-Hubert, trompes de chasse	110	Jolis cheveux (les), chant	87
Hop! eh! ah! di! ohé! chant 86-	88	Invitation à la valse (l'), orchestre	100	Jolie comédie (la), chant	86
Horloge à musique, orchestre humoristique	111	Invitation d'amour, chant	90	Jolie fille de Perth (la), chant	49
Hosanna, chant	63	Irrésistible (l'), orchestre	104	Jolly Polly Perkins, xylophone	110
Hôtesse (l'), chant 86-	89	Ivrogne en bordée (l'), scène	83	Jongleur de Notre-Dame (le), chant	49
Houzarde (la), orchestre	102			Joseph, chant	49
Huguenots (les), chant 48-	49	**J**		Joséphine vendue par ses sœurs, chant	58
Hymne à l'aviation, chant	87	J'ai engueulé l'patron, chant	82	Jour et la nuit (le), chant	58
Hymne allemand, orchestre	104	J'ai l'allure, chant	85	Joyeux veneurs (les), trompes de chasse	110
Hymne brésilien, orchestre	104			Joyeuse entrée (la), chant	90

	Pages
Joyeusement, xylophone	110
Juanita, orchestre	102
Juive (la), chant	49
Jules et moi, chant	90

K

Kanouen ar Martolod, chant	93
King-Cotton, orchestre	104
Kol Nidrei, violon, violoncelle et piano	107
Korrigane (la), orchestre	99
Kraquette (la), orchestre	103
Krakoviak, orchestre	103

L

La de l'aigle, trompes de chasse	111
Laissez-moi rire, chant	62
Lakmé, chant	49
— orchestre	96
Laitière et le pot au lait (la), déclamation.	94
Lalla Roukh, chant	49
Lancer (le), trompes de chasse	110
Larghetto du Concerto, violon	109
Légende du Forgeron, déclamation	94
Légionnaire (le), chant	83
Léopold II, orchestre	105
Lettre à Lamartine, déclamation	94
Lettre tendre, chant	86
Lettre à Louis XIV, déclamation	94
Lèvres sont jolies (les), chant	87
Lièvre et la tortue, (le) déclamation	94
Lily, chant	91

	Pages
Lily Jolie, chant	84
Lille en fête, orchestre	108
Lions crucifiés (les), déclamation	94
Loge de Raboué (la), trompes de chasse	110
Lohengrin, chant	50
— orchestre	96-98
Loin du bal, orchestre	102
Long du Missouri (le), chant	87
Lorsque l'enfant parait, déclamation	94
Lou Parasou, chant	92
Louis XI, déclamation	94
Louise, chant	50
— orchestre	96
Loup de mer (le), chant	81
Lucie de Lammermoor, chant	50
Luciennoise (la), trompes de chasse	110
Lucrezia Borgia, violon	108
Lur-Saluces (la), trompes de chasse	110

M

M'amour, chant	86
Ma bergère, chant	82
Ma Loulette, chant	82
Ma mestrez Kollet, chant	93
Ma Miette, chant	91
Ma Négresse, orchestre	104
Ma p'tite Nana, chant	85
Mad'moiselle Sourire, chant	84
Mad'moisell' voulez-vous, chant	83
Madame Favart, chant	58
Madame la Lune, orchestre	96
Madeleine, cornet à pistons	106

	Pages
Magic-tango, orchestre	104
Mais, voilà, chant	88
Maitre de Chapelle (le), chant	50
Maitre Pathelin, chant	50
Maitres Chanteurs (les), violoncelle	109
Malade Imaginaire (le), audition intégrale de la pièce	38
Malgré moi, chant	62
Malgré toi, orchestre	102
Malloz ar barz koz o vervel, chant	93
Mulvina, orchestre	111
Mam'zelle Nitouche, chant	59
Manon, chant	50
— orchestre	97
Manuel du chauffeur, chant	85
Marchand de masques (le), chant	87
Marchand de sable (le), chanson	83
Marche à Ninon, chant	88
Marche-Aviation, chant	81
Marche d'York, orchestre	98
Marche de la Paix, chant	89
Marche de Paris (la), chant	84
Marche des cerfs, trompes de chasse	111
Marche des dos, chant	82
Marche des fantômes, orchestre	98
Marche des Gardes françaises, orchestre	105
Marche des Korrigans, orchestre	98
Marche des Parisiennes, chant	88
Marche devant le Drapeau, chant	62
Marche du 113ᵉ de ligne, orchestre	105
Marche du Couronnement d'Édouard VII, orchestre	98

	Pages		Pages		Pages
Marche du gas Loubet, orchestre	105	Mattchiche (la), orchestre	103	Mollet de Rose (le), chant	91
Marche funèbre, orchestre	98	Mazurka des microbes (la), chanson	84	Moment musical, violon	108
— violoncelle	109	Mazurka n° 45 et Valse en ré bémol, piano	109	Mon beau Tyrol, chant	82
Marche funèbre d'une marionnette, orchestre	98	Maximes, déclamation	94	Mon bijou, orchestre	100
Marche grecque, orchestre	98	Médecin malgré lui (le), déclamation	93	Montagnards (les), chant	61
Marche héroïque, orchestre	98	Méditation, violoncelle	109	Mort du loup, déclamation	94
Marche indienne, orchestre	98	Méli-Mélo, flûte	107	Mort aux vaches, chant	85
Marche lorraine, orchestre	105	Mélodie, violon	108	Mort du cheval, déclamation	94
Marche miniature, orchestre	98	Méphistophélès, chant	51	Moulin de Maitre Jean (le), chant	81
Marche nuptiale, orchestre	98	Merci, bons Allemands, chant	84	Moulin de la forêt, orchestre humoristique	111
— orgue	107	Merle blanc (le), flûte	107	Mourette, chant	51
Marche patriotique, orchestre	105	Mes larmes, chant	62	Mousmé (la), orchestre	103
Marche royale espagnole, orchestre	105	Mestresa (la), orchestre	111	Mousquetaires au Couvent (les), chant	59
Marche royale italienne, orchestre	105	Messager d'amour, hautbois	107	Mousquetaires de la Reine (les), chant	51
Marche turque, orchestre	98	Messaline, chant	51	Muette de Portici (la), chant	51
Margot, reste au village, chant	88	Métropolitain-Express, chant	81	— orchestre	95
Mariage aux oiseaux, chant	86	Meunier, meunier, tu es cocu, chant	82	Murmures de la forêt (les), flûte	107
Mariage du manchot (le), chant	91	Miarka, chant	51	Musique qui passe (la), chant	81
Marie-Magdeleine, chant	51	Mie jolie, chant	91	Myosotis, orchestre	99
Mariolle (la), chant	88	Mignon, chant	51	Myrtes sont flétris (les), chant	62
Marius à Paris, chant	81	— orchestre	95-99	Myrtha, chant	85
Marquis et valet, chant	91	Milagro, orchestre	111	Myrella la jolie, chant	87
Marquise de Chicago (la), chant	59	Mimi d'amour, chant	88	Mysterious Rag, orchestre	104
Marseillaise (la), chant	61-63	Mi Reina, orchestre	111		
— orchestre	105	Mimi Taxi, chant	86	**N**	
Marseillaise de l'aviation, chant	85	Mimosa Mimosette, chant	88		
— orchestre	105	Mireille, chant	51	N'implore plus, chant	88
Martha, chant	51	Mirka la Gitane, chant	86	Naïla, orchestre	99
Martin et Martine, orchestre	100	Miss Gibbs, orchestre	97	Napolinata, orchestre	84
Mascarade, orchestre	99	Miss Helyett, chant	59	Ne gueul' pas, Joséphine, chant	88
Mascotte (la), chant	59	Mississipi, orchestre	104	Nègres blancs (les), banjo	105
Masséna, trompettes de cavalerie	110	Moisson d'été, déclamation	94	Néron, chant	52

	Pages
Ninette, orchestre	102
Ninon, je vous aime, chant	92
Ninon la Gaité, chant	62
Ninon, voici les roses, chant	62-84
Noce d'Isabelle (la), chant	90
Noces de Figaro (les), chant	52
Noces de Jeannette (les), chant	52
Nocturne, violoncelle	109
Noël (Adam), chant	63
Noël des bergers, chant	62
Noël des gueux, chant	62
Noël païen, chant	62
Nos souvenirs, chant	91
Notre étoile, chant	84
Notre Président, chant	86
Nouveaux pas d'Espagne, orchestre	103
Nouvelle Brabançonne (la), chant	63
Novembre, chant	62
Nuits de Naples, chant	85
Nuits Persanes (les), chant	52

O

	Pages
Obéron, chant	52
Océan (l'), chant	81
Octobre, chant	62
Oestern Volkshymne, orchestre	105
Œufs d'éléphants (les), chant	81
Oh ! les valses lentes, chant	85
Oh ! ma poupée d'amour, chant	84
Oh ! Séchez ces larmes, orchestre	107
— grand orgue, violon et harpe	
Oiseaux dans la Forêt, orchestre humoristique	111

	Pages
Oiseaux d'argent (les), flûte	107
Oiseaux moqueurs, orchestre humoristique	111
Ombre (l'), chant	52
On a oublié, chant	62
On carillonne à Saint-Quentin, orchestre	101
On s'en contrefout, chant	82
Or du Rhin (l'), orchestre	97
Or et l'argent (l'), orchestre	102
Orphée, chant	52
Orphée aux Enfers, chant	59
O sole mio, chant	62
O salutaris (Rousseau), chant	63
O salutaris (Fauré), chant	63
Otello, chant	52
Oudin, Mellet, Firmin, Guillet, duo de cornets à pistons	107

P

	Pages
P'tit cochon d'Amour, chant	91
P'tit jeune homme (le), chant	91
P'tites Michu (les), chant	59
Paillasse, chant	52
Paimpolaise (la), chant	88
Paloma (la), orchestre	101
— xylophone	110
Pampille (la), chant	82
— orchestre	104
Panier d'œufs (le), chant	92
Panis angelicus, chant	63
Pantalon tout rond, chant	87
Panurge, chant	59
Paon (le), déclamation	93

	Pages
Par le petit doigt, chant	81-90
Parade d'œillets, xylophone	110
Paraguay (la), orchestre	102
Parais à ta fenêtre, chant	62
Pardon de Ploërmel (le), chant	52
Pardon, chant	85
Paris-Printemps, chant	91
Paris reste Paris, orchestre	105
Paris-Tyrol, chant	82
Parisienne y a qu'ça (la), chant	86
Partie carrée, chant	91
Pas de Quatre, orchestre	103
Pas des Patineurs, orchestre	103
Pastourelle Poitevine, chant	89
Pater noster, chant	63
Pâtre des Batignolles, chant	86
Pâtre des Montagnes, chant	92
Patria, chant	62
Patrie, chant	52
Patrouille de cavalerie, orchestre	98
Patrouille turque, orchestre	98
Paul et Virginie, chant	53
Pauvres fous, chant	62
Pauvre France, chant	84
Pêcheur de Perles (le), chant	53
Pédicure amoureux, scène	83
Peer Gynt, orchestre	99-100
— violon, violoncelle et piano	107
Pensée d'automne, chant	62
Pensez à moi, chant	62
Père la Révolte (le), chant	89
Père Ra-Fla (le), chant	85
Périchole (la), chant	59

	Pages		Pages		Pages
Période électorale, scène	83	Plus joli rêve (le), chant ... 87-	92	Prière, chant	62
Perle du Brésil (la), chant	53	Plus près de toi, mon Dieu, chant	62	Prière d'enfant, chant	91
Perruche et Perroquet, orchestre	103	Pocharde (la), chant	91	Prière de Bébé, scène, chant ... 83-	91
Petit-bleu (le), orchestre	102	Poète et Paysan, orchestre	95	Princesse Dollar (la), orchestre	97
Petit cochon, chant	91	Polka des Chasseurs, orchestre	102	Printemps chante (le), chant	89
Petit Duc, chant	60	Polka des Clairons, orchestre	102	Procession (la), chant	62
Petit Faust, chant	60	— clairons	110	Proclamation à l'armée d'Italie, déclamation	94
P'tit Gris, chant	82	Polka des Piqués, chant	82		
Petit Grégoire (le), chant ... 81-	82	Polka des Poulettes, chant	81	Prophète (le), chant	53
Petit Jésus, chant	63	Polka des Ratichons, orchestre humoristique	111	— orchestre ... 97-	98
Petit Siffleur, chant	62			P'tites Michu (les), chant	59
Petits cadeaux du Berger (les), chant.	82	Pom! Pom! Pom! chant	85	Punga (El), orchestre	104
Petits cris suprêmes, chant	82	Pont Chartrain (le), trompes de chasse	111	Psyché, déclamation	94
Petits joyeux (les), chant	82	Portrait de Mireille (le), chant	62	Puppchen Walzer, orchestre	102
Petit Savoyard (le), chant	91	Portrait de Victoire (le), chant	90	Pure comme les anges, chant	86
— violon	108	Postillon de Longjumeau (le), chant	53	**Q**	
Petits oiseaux (les), flûte	107	Poule Couveuse (la), chant	81	Qu'en dis-tu, petite, chant	62
Petit' bonn' femme (la), chant	84	Poupée (la), chant	60	Qu'est-ce qu'il y a, chant	86
Petite Barmaid (la), orchestre	103	Pour elle, chant	86	Quand l'amour meurt, chant	89
Petite Bohême (la), chant	60	Pour les pauvres petits pierrots, chant	93	— orchestre	102
Petite horloge (la), chant	87	Pourquoi elle se donne, chant	82	Quand l'oiseau chante, chant	62
Petite Marguerite (la), chant	85	Pré-aux-Clercs, chant	53	Quand les papillons, chant	88
Petite Mariée (la), chant	60	Prélude (Chopin), violon	109	Quand on aime mieux, chant	88
Phèdre, déclamation	93	Prélude de Salomé, orchestre	100	Quand refleuriront les roses, chant	85
Philémon et Baucis, chant	53	Prélude et Études, piano ... 109-	110	Quand reviendront les hirondelles, chant ... 89-	92
— orchestre	97	Prélude Nº 24 et 25, piano	110		
Philomène, chant	82	Première revue (la), chant	90	Quand tu dors, chant	62
Pilules de Groscollard (les), monologue	83	Première — violon	108	Quand y a pas d'lune, chant	87
Pinsonnette et Pinsonnet, chant	82	Premier mouvement du concerto, orchestre	106	Quo Vadis, vio'ncelle	109
Piston et Pistonette, duo de cornets à pistons	107	Près du jardin, chant	62	**R**	
Place à la liberté, orchestre	105	Président et le procureur (le), déclamation	94	Râfles (les), chant	89
Pleurs du Cerf (les), trompes de chasse	111	Prévenus rigolos (les), scène	83		

	Pages		Pages		Pages
Raie (la), chant	85	Réveil des aigles (le), chant	87	Ruines d'Athènes, orchestre	98
Rallye Ardennes, trompes de chasse	110	Réveil au Tyrol, chant	82	Ruines de Rome, déclamation	94
Rallye Bonnelle, trompes de chasse	111	Réveil du Nègre (le), banjo	106	Ruy Blas, orchestre	95
Rallye Persac, trompes de chasse	110	Rêverie, chant	62		
Rallye les Charmes, trompes de chasse	111	— violon	108	**S**	
Rallye Vendée, trompes de chasse	110	Reviens, chant	89		
Rameaux (les), chant	63	Rhapsodie hongroise n° 6, piano	110	Sa Muguette, chant	87
Ratichons, orchestre	111	Richard Cœur de Lion, chant	53	Sabots (les), xylophone	110
Ré ! chant	85	Rigoletto, (audition intégrale de la pièce)	20	Sacrée famille, chant	90
Rédempteur (le), chant	90	Rigoletto, fragments, chant	53	Sacrifiés (les), chant	89
Régiment de Sambre-et-Meuse (le), chant	61	Rigollot (le), monologue	90	Saint-Hubert, trompes de chasse	110
		Rip, chant	60	Saisons (les), chant	54
Régiment des Braves (le), orchestre	106	Robert Elée, orchestre	104	Salammbô, chant	54
Reine de Saba (la), chant	53	Robert le Diable, chant	54	Salut au 85ᵉ, orchestre	105
— orchestre	98	Robin des bois, chant	54	Sambre-et-Meuse, orchestre	105
Remède de l'Auvergnat (le), chant	81	Roi d'Ys (le), chant	54	Samson et Dalila, chant	54
Rencontre fleurie (scène), chant	85	— violoncelle	95	— violoncelle	109
Rendez-vous d'Élise (le), chant	90	— orchestre	109	Sancta Maria, chant	63
Retour de Paris, chant	91	Roi de Lahore (le), chant	54	Sanglier, trompes de chasse	110
Retour au camp, orchestre	105	Roi de Thulé (le), chant	62	Sans toi, chant	88
Retraite d'ordonnance (la), orchestre	106	Roi des Tyroliens (le), chant	82	Santiago, orchestre	102
Retraite de Crimée, orchestre	106	Rois de Paris, chant	54	Sapho, chant	54
Retraite de la Garde républicaine, orchestre	106	Roméo et Juliette, audition intégrale de la pièce	23	Sapins (les), chant	62
Retraite française (la), orchestre	106	Roméo et Juliette, fragments, chant	54	Satire, déclamation	94
Retraite japonaise, orchestre	106	Rondes des aéroplanes, orchestre	106	Savetier et le financier (le), déclamation	93-94
Rêve d'amour, chant	62	Ronde des baisers (la), chant	87	Savoia Roma, orchestre	98
Rêve d'enfance, orchestre	97	Ronde des marmites, chant	82	Scène de ballet, violon	108
Rêve d'enfant, chant	62	Rondo Capriccioso, piano	110	Scènes alsaciennes, orchestre	100
Rêve du prisonnier (le), chant	62	Rondo du Concerto, orchestre	106	Scottish des trompettes, trompettes de cavalerie	110
Rêve ou folie, chant	62	— violon	109		
Rêve passe (le), chant	85	Roussignoulet, chant	93	Séduction (la), violon	108
— orchestre	106	Rubans de la vie (les), chant	87	Semailles, chant	62

	Pages		Pages		Pages
Semper fidelis, orchestre	106	Soir (le), chant	62	Sprée (la), orchestre	102
Sentinelle (la), trompettes de cavalerie	110	Solange, chant	55	Stabat Mater, (grand orgue) orchestre	107
Sérénade, piston et flûte	106	Soldat (le), chant	85	Stances, chant	62
Sérénade (Gounod), violon, violoncelle et piano	107	Soldats de l'an II, déclamation	94	Sur la route de Louviers, chant	82
		Soldat aviateur (le), chant	90	Sur la tombe, cornet à pistons	106
Sérénade (Widoz), violon, violoncelle et piano	107	Soldat de chocolat (le), orchestre	97	Sur le champ de bataille, orchestre	105
		Soldats dans le Parc (les), orchestre	105	Sur le pont d'Avignon, chant	90
Sérénade (Arensky), violon	108	Soldes et occasions, chant	91	Sylvia, chant	81
Sérénade au pharmacien, chant	86	Soleil d'amour, chant	81	Sympathique, chant	86
Sérénade du passant, chant	62	Songe d'une nuit d'été (le), chant	55		
Sérénade mouillée, chant	85	Sonneries du métier (les), chant	88	**T**	
Serments de femme, chant	88	Sonneries réglementaires d'infanterie, clairons	110	T'en souviens-tu, chant	85
Sermons sur la passion, chant	94			Tammany, chant	85
Serrez vos rangs, chant	82	Sonneries réglementaires de cavalerie, trompettes de cavalerie	110	Tandem, duo de cornets à pistons	107
Si j'ai ton cœur, chant	85			Tango argentin (le), chant	83
Si j'étais Dieu, chant	62	Sonnet, chant	62	Tango argentino, orchestre	104
Si j'étais Roi, chant	55	Sorellina, chant	91	Tango de nos amours (le), chant	92
Singe qui montre la lanterne magique, déclamation	94	Soucoupes (les), chant	86	Tango parisien (le), chant	84
		Souhaits à la France, chant	62	Tannhauser (le), chant	55
Si jamais, chant	92	Soularde (la), chant	91	— orchestre	95-97-98
Si t'y vas, chant	90	Souliers de ma voisine (les), chant	86	Tarantella, mandoline	109
Si tu le voulais, chant	62	Sounen er labourer doar, chant	92	Temps des Cerises (le), chant	63
Si tu veux, chant	88	Soupir du Cerf (le), (grand orgue) orchestre	107	Tesoro Mio, violon	108
Si tu veux, Marguerite, chant	86	Souris noire (la), chant	83	Thaïs, chant	55
— orchestre	102	Sous l'aigle double, orchestre	106	— orchestre	100
Si tu veux venir, chant	92	Sous le clair de lune, chant	84	— violon	108
Si vous n'en faites rien, chant	84	Sous les armes, orchestre	106	The bell of Chicago, orchestre	103
Si vous n'étiez pas si jolie, chant	87	Sous les ponts de Paris, chant	87	The Brooklyn-Cake-Walk, orchestre	103
Si vous ne m'aimez plus, chant	62	Sous Napoléon, chant	90	The high school cadets, orchestre	104
Sigurd, chant	55	Souvenir du pays nègre, banjo	106	The liberty bell, orchestre	104
— orchestre	97	Souvenir de Bretagne, trompes de chasse	110	The quaker Girl, orchestre	97
Simple aubade, violon	108	Souvenirs de collage, chant	86		
Simple aveu, violon	108	Souvenir de Serquigny, hautbois	107		

The Stars and Stripes for ever, orchestre. 104	Troupiers de Marguerite (les), chant... 90	Valse G. N° 7, piano.................. 110
The Washington Post, orchestre..... 104	Trouvère (le), orchestre............. 100	Valse (Tchaikowsky), violon, violoncelle et piano........................ 107
The Tango (le), chant 86	— violon 108	Valse Banffy, orchestre.............. 102
Thérèse, chant....................... 55	Truc de Pitalugue (le), chant......... 81	Valse bleue, orchestre............... 102
Tigre (el), orchestre................. 104	Tu n'manieras pas mes tétons, chant.. 82	Valse brune, chant 84
Timbre d'argent (le), chant 55	Tu ne sauras jamais! chant 89	Valse chaloupée (la), chant 84
Toc! Toc! c'est l'Amour, chant....... 84	Tyrolienne de Paris, chant 82	Valse chromatique, piano............ 110
Ton cœur est un oiseau, chant........ 92	Tyrolienne du Midi (la), chant........ 82	Valse d'Or, violon 108
Tosca (la), chant 55		Valse de Féerie, orchestre........... 100
Toujours t'aimer, chant............... 88	**U**	Valse de l'amour du tzigane, orchestre. 102
Toulousaine (la), chant 93	Un baiser de femme jolie, chant 81	Valse de nos amours (la), chant...... 92
Tour pointue (la), chant......... 84- 92	Un Monsieur qui bégaye, monologue... 86	Valse des ombres (la), chant 81
Tout à la poulette, chant............. 81	Un p'tit baiser, chant................ 91	Valse mauve, orchestre.............. 102
Tout en rose, chant.................. 84	Un pèlerinage à Saint-Stossarh, monologue................... 89	Valsez, jolies gosses, chant.......... 91
Tout petit béguins (les), chant........ 92	Un peu d'amour, chant............... 89	Valkyrie, orchestre............. 97- 98
Toute ma vie! chant.................. 87	Un peu d'tout, chant 61	— violoncelle 109
Toutou rusé (le), chant 86	Un rendez-vous, scène............... 93	Vas-y Mélie, chant 88
Trahison, chant...................... 89	Una Sena à Firenza, mandoline 109	Vénus, orchestre.................... 104
Tram (le), orchestre.................. 106	Une femme a passé par là, chant..... 84	Véronique, chant.................,... 60
Traviata (la), audition intégrale de la pièce 27	Une fille aimante, chant 88	Vers l'avenir, chant 63
Traviata, fragments, chant............ 56	Une pointe de Champagne, chant..... 86	Verveine, orchestre................. 103
— orchestre.......... 97	Une soirée près du lac, hautbois, orchestre.......................... 107	Veuve joyeuse (la), chant........... 60
— violon 108	Une simple idée, hautbois et flûte, orchestre 107	— orchestre..... 97- 102
Trèfle incarnat, orchestre............. 103	Une tempête, déclamation 94	Victoire ou la mort (la), orchestre 106
Très moutarde, orchestre 104		Vieilles larmes (les), chant 89
Trésors de ma bonne amie (les), chant 90	**V**	Viens dans ma hutte, chant.......... 85
Tristesse des bêtes, déclamation....... 94	Vague (la), orchestre................. 102	Viens poupoule, chant............... 89
Trois amoureuses, chant.............. 60	Vaisseau Fantôme (le), chant 56	Vierge à la crèche (la), chant 63
Trois trottins (les), chant............. 84	— orchestre 97	Vierges (les), chant 91
Troisième marche aux flambeaux, orchestre 98		Vieux briscard (le), orchestre 106
Troufflon et Truffard, scène.......... 83		Vieux de la vieille (les), déclamation .. 94
		Vieux mendiant (le), chant........... 63

	Pages		Pages		Pages
Vieux messieurs (les), chant	91	Vous n'avez pas ça, chant	81	— violoncelle	109
Vieux pâtre (le), chant	82	Voyage à Bâle, chant	85	Wiegenlied, chant	63
Villageoise (la), (hautbois) orchestre	107	Voyage en Chine (le), chant	56	Wien Neerlandoch Blœd, orchestre	105
Violon brisé (le), chant	63	— orchestre	95		
Visite (la), monologue	83	Vrai Cake-Walk (le), orchestre	103	**Y**	
Vivandière (la), chant	56	Vrai tango argentin (le), orchestre	104		
— orchestre	97	Vrai tango brésilien Amapa (le), orchestre	104	Y a qu'les amoureux, chant	85
Voix des chênes (la), chant	63			Yankee Doodle, violon	109
Voix des cloches (la), orchestre	102			You-You sous les bambous, chant	92
Vos yeux, chant	63	**W**			
Votre baiser d'adieu, chant	89			**Z**	
Voulez-vous que j'vous l'fasse, chant	85	Wagram (la), trompes de chasse	110		
Vous dansez très bien, mandoline	109	Walkyrie (la), orchestre	97-98	Zampa, chant	56
Vous êtes jolie, chant	63	Werther, chant	56	— orchestre	95

www.ingramcontent.com/pod-product-compliance
Lightning Source LLC
Chambersburg PA
CBHW060204100426
42744CB00007B/1154